李艳凤　王福春　著

单索面PC折塔斜拉桥关键部位力学特性研究

Study on Mechanics Characteristics of Key Positions about PC Polygonal Line Bridge with Single Cable Plane

化学工业出版社
·北京·

本书以沈阳市富民桥为工程背景，对该桥梁特殊结构的力学特点进行了理论分析，并利用现代有限元数值方法和模型试验方法，对单索面 PC 折塔斜拉桥的主要部位力学特性进行了分析研究。通过有限元数值分析和模型试验研究，对混凝土折线塔锚固区、主塔折角、斜拉索索力、主梁应力等关键部位的力学特性进行了研究，并对单索面 PC 折塔斜拉桥的动力特性进行了分析。本书概念清晰、语言流畅、图文并茂，有较高的学术价值及类型工程指导意义。

本书可为桥梁专业研究人员及高校教师提供一定的借鉴，也可供相关工程技术人员参考使用。

图书在版编目（CIP）数据

单索面 PC 折塔斜拉桥关键部位力学特性研究 / 李艳凤，王福春著. —北京：化学工业出版社，2019.10（2023.1 重印）

ISBN 978-7-122-34888-3

Ⅰ. ①单… Ⅱ. ①李… ②王… Ⅲ. ①斜拉桥-力学性能-研究 Ⅳ. ①U448.27

中国版本图书馆 CIP 数据核字（2019）第 149856 号

责任编辑：彭明兰

责任校对：张雨彤　　　　装帧设计：史利平

出版发行：化学工业出版社（北京市东城区青年湖南街 13 号　邮政编码 100011）

印　　装：三河市延风印装有限公司

710mm×1000mm　1/16　印张 9¾　字数 185 千字　2023 年 1 月北京第 1 版第 2 次印刷

购书咨询：010-64518888　　售后服务：010-64518899

网　　址：http://www.cip.com.cn

凡购买本书，如有缺损质量问题，本社销售中心负责调换。

定　　价：73.00 元

前言

单索面预应力混凝土折塔斜拉桥是一种新型的斜拉桥结构，其结构新颖、造型独特，具有良好的景观效果。沈阳市富民桥是世界上第一座也是迄今为止唯一一座预应力混凝土折线塔单索面斜拉桥，其与直塔斜拉桥和斜塔斜拉桥相比，结构的受力和施工方法发生了很大的变化。斜拉桥的主塔主要承受斜拉索传递的巨大轴力，同时承受一定不平衡荷载下的弯矩。但对于折线塔斜拉桥来说，由于主塔存在折角，在主塔轴线发生变化的折角处，巨大的轴向力传递方向发生了变化，因此折角处将产生一较大水平向拉力，导致折线塔塔壁产生面外弯曲，因此国外已建折线塔斜拉桥均采用钢塔来解决折角处的应力集中等问题。

本书以沈阳市富民桥为工程背景，对该桥梁特殊结构的力学特点进行了理论分析，并利用现代有限元数值方法和模型试验方法，对混凝土折线塔斜拉桥的主要力学特性进行了分析研究。具体研究内容如下。

本书从分析混凝土折线塔的受力特点出发，通过有限元数值分析和模型试验研究，对混凝土折线塔锚固区、主塔折角等关键部位的力学特性进行了分析研究。对国内外常见斜拉桥合理成桥索力和合理施工索力的优化方法进行了分析研究，比较了各种优化方法的优缺点。根据折线塔斜拉桥的静力平衡特征，给出预应力混凝土折线塔斜拉桥主要构件尺寸的设计方法，进一步采用最小弯曲能量法并结合假载法及内力平衡法来确定混凝土折线塔斜拉桥合理成桥索力。充分考虑到混凝土折线塔施工阶段的受力特点，确定主塔的浇筑顺序，采用最小二乘法对全桥进行正装迭代计算确定拉索初张力。

提出在压弯荷载作用下，单索面斜拉桥主梁截面受力复杂、主梁截面剪力滞系数与弯矩和轴力的比值有关。对比模型试验结果及数值计算结果，提出了施工阶段张拉索力时，拉索张拉区域剪力滞效应明显、远离拉索作用点过渡为普通弯曲箱梁腹板与翼缘交界处剪力滞突出的特点，施加挂篮荷载时，主梁截面产生负剪力滞效应。通过数值分析，确认了单索面斜拉桥施工阶段平面分析中，采用现行桥梁规范有效翼缘宽度取值来考虑主梁剪力滞效应的方法存在一定的问题，提出了应对不同位置的梁段采用不同的剪力滞系数进行结构分析。

分别采用反应谱法和时程分析法，对同等跨径下的预应力混凝土直塔斜拉桥和预应力混凝土折线塔斜拉桥在支承体系和不对称体系下的抗震性能进行了分析研究。分析结果表明，预应力混凝土直塔斜拉桥和预应力混凝土折线塔斜拉桥动力特性基本吻合，主塔造型的改变对斜拉桥的动力特性的影响比较小。不对称体系频率计算值普遍高于支承体系，不对称体系斜拉桥整体刚度大于支承体系，两种体系在地震荷载作用下，塔顶位移和梁端位移相差不大，因此，采用不对称体系可以省去其中一个主塔下造价昂贵的大吨位支座，并且有利于桥梁的日后维修养护工作。

本书共分为六章，其中第 1 章 ~ 第 5 章由李艳凤撰写，第 6 章由王福春撰写。全书概念清晰、语言流畅、图文并茂，便于读者对专业知识的掌握和理解。

本书在著写过程中，得到很多同行的支持和帮助，并提出了许多宝贵意见，作者在此一并致谢。

限于作者的水平以及时间仓促，书中难免有不当之处，敬请广大读者批评指正。

著　者

2019 年 6 月

目录

第1章 绪论 1

1.1 概述 / 2

1.1.1 混凝土斜拉桥的发展概况 / 2

1.1.2 折线塔斜拉桥的发展概况 / 3

1.2 斜拉桥主要力学特性的研究现状 / 7

1.2.1 斜拉桥主塔力学特性研究现状 / 7

1.2.2 斜拉桥索力研究现状 / 8

1.2.3 斜拉桥主梁研究现状 / 8

1.2.4 斜拉桥抗震性能研究现状 / 11

1.3 单索面PC折塔斜拉桥主要力学特性的研究现状 / 12

1.4 本书研究的目的及意义 / 13

1.5 本书主要研究内容 / 14

第2章 单索面PC折塔斜拉桥力学特性的模型试验研究 16

2.1 模型设计及制作 / 17

2.1.1 模型的设计 / 17

2.1.2 模型制作及安装 / 20

2.1.3 恒载补偿 / 21

2.2 模型试验的内容 / 21
2.2.1 试验荷载工况及测试内容 / 21
2.2.2 测试系统及测点布置 / 22
2.2.3 测试仪器 / 22
2.3 模型试验结果 / 23
2.3.1 施工阶段试验结果 / 24
2.3.2 成桥阶段试验结果 / 32
2.4 试验结果分析 / 35
2.4.1 施工阶段试验结果分析 / 35
2.4.2 成桥阶段试验结果分析 / 37
2.5 本章小结 / 38

第 3 章 40
单索面 PC 折塔斜拉桥主塔力学特性的研究

3.1 单索面 PC 折塔斜拉桥主塔受力特点及构造设计 / 41
3.1.1 单索面 PC 折塔斜拉桥主塔的受力特点 / 41
3.1.2 主塔断面形式及斜拉索锚固区的构造设计 / 42
3.2 主塔拉索锚固区应力分析有限元基本理论 / 44
3.2.1 钢筋混凝土材料的本构关系 / 44
3.2.2 混凝土的破坏模型 / 46
3.2.3 钢筋混凝土结构有限元模型的选择 / 47
3.3 单索面 PC 折塔斜拉桥主塔锚固区有限元分析及结果比较分析 / 49
3.3.1 锚固区节段数值计算模型 / 50
3.3.2 节段模型试验 / 51
3.3.3 拉索锚固区有限元计算及模型试验结果分析 / 55
3.4 单索面 PC 折塔斜拉桥主塔整体空间有限元分析 / 59
3.4.1 空间有限元计算模型的建立 / 59
3.4.2 主塔整体空间有限元计算结果分析 / 62
3.5 本章小结 / 65

第 4 章 67
单索面 PC 折塔斜拉桥索力确定的研究

4.1 斜拉桥成桥恒载索力的优化方法 / 68

4.1.1 指定受力状态的索力优化方法 / 68
4.1.2 斜拉索力的无约束优化方法 / 69
4.1.3 斜拉索力的有约束优化方法 / 70
4.2 斜拉桥合理施工状态斜拉索初张力的确定方法 / 71
4.2.1 倒拆法 / 71
4.2.2 正装-倒拆迭代法 / 72
4.2.3 正装迭代法 / 72
4.3 单索面 PC 折塔斜拉桥成桥恒载索力确定的研究 / 72
4.3.1 单索面 PC 折塔斜拉桥成桥恒载状态静力平衡特征分析 / 73
4.3.2 单索面 PC 折塔斜拉桥成桥恒载索力的确定方法 / 77
4.4 单索面 PC 折塔斜拉桥合理施工状态斜拉索初张力的确定方法 / 82
4.4.1 单索面 PC 折塔斜拉桥施工阶段初张力的确定原则 / 83
4.4.2 单索面 PC 折塔斜拉桥施工流程的确定 / 84
4.4.3 单索面 PC 折塔斜拉桥施工阶段受力状态仿真计算 / 85
4.5 本章小结 / 90

第 5 章 91
单索面 PC 折塔斜拉桥主梁剪力滞效应的研究

5.1 单索面 PC 折塔斜拉桥有限元分析模型 / 92
5.1.1 主梁的模拟 / 92
5.1.2 拉索的模拟 / 94
5.1.3 主塔的模拟 / 94
5.2 单索面 PC 折塔斜拉桥有限元分析模型的建立 / 95
5.2.1 主要材料及力学指标 / 95
5.2.2 有限元模型的假定 / 95
5.2.3 有限元分析模型的建立 / 96
5.3 单索面 PC 折塔斜拉桥主梁剪力滞效应分布规律 / 96
5.3.1 单索面 PC 折塔斜拉桥主梁剪力滞系数讨论 / 96
5.3.2 单索面 PC 折塔斜拉桥主梁剪力滞效应沿纵桥向有限元分析 / 98
5.3.3 单索面 PC 折塔斜拉桥主梁剪力滞效应沿纵桥向变化规律 / 108
5.4 本章小结 / 111

第 6 章 112
单素面 PC 折塔斜拉桥抗震性能研究

6.1 动力特性分析 / 114
6.1.1 动力分析模型的建立 / 114
6.1.2 动力特性结果及分析 / 115
6.2 地震响应反应谱分析 / 117
6.2.1 反应谱方法及其原理 / 117
6.2.2 反应谱抗震分析 / 120
6.2.3 反应谱内力响应结果及分析 / 122
6.3 地震响应时程分析 / 125
6.3.1 动力方程的建立 / 125
6.3.2 增量动力平衡方程及其求解方法 / 127
6.3.3 地震动输入与调整 / 128
6.3.4 富民桥动态时程分析 / 132
6.4 本章小结 / 141

主要参考文献 143

chapter 1

第1章 绪 论

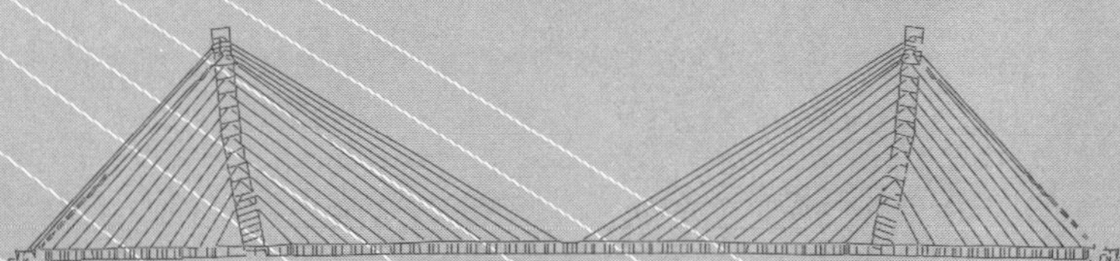

1.1 概述

1.1.1 混凝土斜拉桥的发展概况

现代的斜拉桥是由桥塔、斜拉索和主梁构成的组合结构体系，它是一种支承体系以斜拉索受拉、桥塔受压，桥面体系以主梁受压、受弯为主的桥梁。斜拉桥以跨越能力大、结构新颖而成为现代桥梁工程中发展最快、最有竞争力的桥型之一。

1962 年委内瑞拉的 Maracaibo 桥被认为是世界上第一座混凝土斜拉桥。之后修造的斜拉桥其特征是拉索为稀索体系，混凝土梁以受弯为主，结果发现稀索体系的索距太大，主梁必须很高、强度很大才能满足结构的设计要求，于是便从稀索体系转向密索体系，从而发展到第二代的密索体系斜拉桥，主梁以轻型化为主。

1978 年在美国建成了主跨为 299m 的帕斯卡—肯尼斯克桥，为密索、双索面斜拉桥的开端。1991 年的挪威 Skarnsundet 桥主跨 530m，主梁截面为三角形双室，它是目前世界跨径最大的双塔 PC 斜拉桥。

我国第一座斜拉桥是四川云阳桥，建于 1975 年，是一座跨径为 76m 的双塔双索面混凝土斜拉桥。自此我国在吸收国外先进技术和经验的基础上，斜拉桥的建设和技术有了长足发展。铜陵长江公铁大桥竣工时成为世界上最大的肋板式混凝土斜拉桥。之后建成的岳阳洞庭湖大桥、宜昌夷陵长江大桥则先后摘取了同时期世界三塔混凝土斜拉桥第一的桂冠。2002 年世界上最大的肋板式混凝土斜拉桥荆州长江大桥建成，同年世界上最大的独塔混凝土斜拉桥广东金马大桥建成通车。目前国内主跨 300m 以上的混凝土双塔斜拉桥有 25 座，主跨 150m 以上的混凝土独塔斜拉桥有 18 座，可见我国在世界混凝土斜拉桥的建设领域，无论在数量还是建造技术方面，都享有十分重要的地位。

预应力混凝土斜拉桥之所以取得如此大的发展，是因为与叠合梁斜拉桥、钢斜拉桥相比，它具有以下优点：

① 斜拉索的水平分力有益于混凝土主梁，而这种压力对于很薄的钢梁却是不利的因素，容易造成局部构件的失稳；

② 在混凝土斜拉桥中，混凝土主要承受压力和弯矩，而索承受拉力，两种材料都最大限度地发挥了各自的优势，从而使整个结构最为合理而经济；

③ 由于混凝土的容重比钢的容重大很多，混凝土主梁在自重作用下的应力比在

活载作用下的应力大很多，从疲劳强度的观点出发，拉索设计时可采用最大的容许应力作为控制指标；

④ 混凝土可以根据需要做成任何的流线型截面，同时它的抗湿性能好，后期的养护工作比钢桥便宜和简单。

1.1.2 折线塔斜拉桥的发展概况

斜拉桥的主塔是桥梁的主要受力构件之一，桥梁上部结构的恒载和活载绝大部分都是通过主塔传到地基基础上。斜拉桥采用的主塔有混凝土主塔、钢主塔、下段采用混凝土材料上段采用钢结构主塔。

斜拉桥主塔在横桥向主要有以下基本形式：独柱式、双柱式、门架式、倒Y式、宝塔式、A字式、钻石式等；在顺桥向变化较少，主要有以下基本形式：独柱等截面式、独柱变截面式、A字式、倒Y式等。上述这些基本形式充分满足了斜拉桥主塔的受力需要，有的与周边环境也起到了很好的呼应作用。

主塔是斜拉桥特有的标志性构件，其不仅主要起到受力的作用，而且对全桥的景观效果也起到了决定性的作用。随着经济的发展，人们对桥梁景观的要求也越来越高，桥梁设计师们积极创新，充分考虑到桥梁对当地景观的影响，对斜拉桥的主塔进行了创新设计，设计出了许多造型各异的主塔，不仅极大地丰富了斜拉桥的景观效果，同时也赋予了这些造型新颖的斜拉桥独特的力学特性。

1989年美国得克萨斯州建成的Baytown Bridge斜拉桥，主塔采用两个并列的菱形索塔，这不仅增加了桥梁的横向稳定，同时又得到了一个双菱形的独特造型，提高了桥梁的美学效果。1994年建成的湖南长沙黑石渡浏阳河大桥为50m＋50m的独塔斜拉桥，塔身采用三柱塔的形式，各柱间无横系梁连接，结构简洁，造型独特轻盈。1999年美国印第安纳州哥伦布市建成的East Fork White River河桥，主跨197m，塔身采用四斜柱塔，即塔身由下端分开基础独立、上端汇集在一起的4根倾斜的钢管组成，整个桥塔造型别具一格[1-4]。

2008年建成的沈阳市三好桥为跨径100m＋100m的独塔斜拉桥（图1.1），主塔为两个倾斜的拱形塔，该造型为以阳刚之气为主的斜拉桥增添了妩媚之感。

有时为了满足特殊地形情况下的力学要求和景观设计的需要，设计师会将塔身在顺桥向设计成倾斜的，有独塔倾斜的、有双塔倾斜的，有向河心倾斜的、有向岸倾斜的，通常情况下独塔向岸倾斜的情况居多，并且塔身一般为直线，但有时为了追求美学效果，斜塔后期慢慢发展成弧线形塔和折线形塔，这种斜塔斜拉桥的发展渐渐形成了斜拉桥的一个新分支——斜塔斜拉桥[2]。斜塔斜拉桥又分为有背索斜拉桥和无背索斜拉桥两种。

图 1.1　沈阳市三好桥

世界上著名的有背索的斜拉桥有：1981 年西班牙建成主跨为 137.12m 的 Ebro 河桥，截面为单箱三室带加劲伸臂板混凝土主梁，总宽 28.9m，设于分隔带上的独柱塔后倾，拉索在主跨为单索面，边跨分开成倾斜的两组拉索分别锚在平衡地锚上，全桥的斜拉索组成了一个空间三索面的空间受力结构；西班牙于 1995 年建成与 Ebro 河桥相似的 Lerez 河桥，两座桥结构总体布置相同，独柱塔向边跨倾约 18°，主跨 125m，中跨为单索面，边跨为双倾斜索面；1996 年荷兰建成的鹿特丹港 Erasmus 桥是一座钢折线塔斜拉桥（图 1.2），跨径组成为 51.7m(混凝土协作孔)＋284m(钢梁主孔)＋73.6m(组合边孔)，再连接一个通航净宽为 50m 的活动式吊桥，桥面总宽 30.8m[5-7]。

图 1.2　荷兰鹿特丹港 Erasmus 桥

国外著名的无背索斜拉桥有：1992 年西班牙建成的 Alamillo 桥（图 1.3）是世界上首座斜塔无背索斜拉桥，拉索呈竖琴形布置，主跨为 200m，塔高 134m，这座桥将结构、建筑、雕塑融为一体，是一个十分大胆、新颖的工程[8,9]。自从 Alamillo 桥建成后，斜塔无背索斜拉桥就征服了全世界的桥梁设计师，特别是近十几年来，斜塔无背索斜拉桥在全世界范围内方兴未艾，捷克的 Marain 桥、韩国的昆丹（Kum-Dang）桥、荷兰的 Zwolle 桥等相继建成。捷克于 1998 建成的 Marain 桥，跨径 123.3m，采用矩形箱梁，更易于制作和锚固拉索，为了进一步减轻主梁自重，设计师把鱼脊梁上的混凝土桥面改为正交异性钢板桥面。目前，该桥已被国际桥梁与结构协会评为世界十大杰出建筑之一[2]。

图 1.3 西班牙的 Alamillo 桥

近年来，随着我国桥梁建设的迅猛发展，各种新的桥型也如雨后春笋般不断出现，斜塔斜拉桥也陆续在我国诞生。我国首座全钢斜塔无背索斜拉桥——哈尔滨太阳桥[10]于 2000 年建成。该桥基础灌注桩及承台采用混凝土结构，索塔、主梁均采用钢结构。桥跨布置为 4.5m+60m+140m+14m，桥面全宽 15.5m，钻石形桥塔高 80m。湖南 2005 年建成主跨为 205m 的长沙洪山大桥[11]（图 1.4），辅助孔跨径 30.3m，桥面全宽 33.2m。主梁为钢箱梁，箱梁宽 7m，高 4.4m，箱梁与塔柱固结，采用钢箱梁悬臂挑梁横梁，悬臂长度 12.9m，横梁间距 4m，桥面板厚 21cm，在钢横梁之上采用预制混凝土板通过湿接头连接以形成桥面板，桥面板位于钢箱梁的截面形心轴上，钢箱梁与混凝土桥面板形成的组合截面共同参与受力，斜拉桥塔柱向边跨倾斜 32°，塔高 132.6m。

图 1.4 湖南长沙洪山大桥

从上述目前已建的斜塔斜拉桥情况来看，无背索斜塔斜拉桥的塔身多以直线为主，主塔在设计上主要承受压力，弯矩会控制在一定的范围内，主塔往往采用混凝土结构，并利用倾斜塔身的重量平衡斜拉桥主跨的重量。有时，有背索斜拉桥为了追求主塔的美学效果，顺桥向将塔身做成折线形，这样就产生了与直斜塔斜拉桥力学特性不同的折线塔斜拉桥。通常为了克服塔身折角等处的弯矩，主塔采用钢结构。例如，1996 年建成的荷兰鹿特丹港 Erasmus 桥是一座不平凡的斜拉桥，该桥主塔为上直下斜呈折线形，主跨 284m，共设置 16 对斜拉索，边跨只设一根背索，主塔为钢结构。该桥的形状及主要受力结构尺寸完全由美学决定，是建筑师和桥梁工程师相互挑战而又相互合作的一个成功杰作，如同雕塑形状的主塔与周围建筑相互衬托，给人带来强烈的视觉冲击。

上述斜塔斜拉桥有以下几个共同特点：取消了部分或全部边跨斜拉索；斜塔采用混凝土或钢材，折线塔采用钢材；主梁大都采用钢材。鉴于上述特点，尽管斜塔斜拉桥获得了强烈的景观效果，但同时也存在着造价较高的弊端。从目前能查阅到的资料来看，已建成的折线塔斜拉桥只有 1996 年建成的荷兰鹿特丹港 Erasmus 桥和 2003 年我国建成的沈阳市富民桥，而前者主塔为钢结构，2003 年沈阳市建成的跨越浑河的沈阳市富民桥为预应力混凝土折线塔斜拉桥（图 1.5），主跨跨径 242m，该桥不同于其他斜塔斜拉桥的最大特点是全桥均为预应力混凝土结构，边、中跨拉索布置根数相同，并且桥梁各构件尺寸与常规斜拉桥没有任何区别，这不仅获得了较好的景观效果，同时桥梁造价也与直塔斜拉桥十分接近。

图 1.5　沈阳市富民桥

沈阳市富民桥是世界上第一座也是迄今为止唯一一座预应力混凝土折线塔单索面斜拉桥，其与直塔斜拉桥和斜塔斜拉桥相比，结构的受力和施工方法发生了很大的变化。目前，可检索到的该桥型在静力和抗震性能的理论研究方面的文献资料寥寥无几。鉴于预应力混凝土折线塔斜拉桥有较好的美观和经济性能，本书以沈阳市富民桥工程为背景，在常规直塔斜拉桥体系已有的理论和实践的基础上，对预应力混凝土折线塔的力学特性、预应力混凝土折线塔斜拉桥的索力确定以及预应力混凝土折线塔斜拉桥的抗震性能等方面进行研究和探讨。

1.2 斜拉桥主要力学特性的研究现状

斜拉桥的力学特性是多个参数之间综合作用的结果，不仅斜拉桥的总体设计参数（如塔跨比、边中跨比、主梁高跨比等）会影响斜拉桥的整体刚度和受力特性，而且斜拉桥的无索区长度、斜拉索布置形式、索力大小、索塔梁之间相对刚度变化以及斜拉桥结构体系等均能影响斜拉桥的力学特性。

对于任何斜拉桥来说，在结构总体设计参数、斜拉索布置已经确定的情况下，其梁塔的内力和变形以及斜拉索力的优化等方面将备受设计师的关注。另外，由于地震这种自然灾害给人类带来了极大的经济损失和心灵伤害，斜拉桥的抗震性能也越来越受到设计师的重视，因此，对不同结构体系斜拉桥进行抗震性能研究是十分必要的。

1.2.1 斜拉桥主塔力学特性研究现状

斜拉桥的主塔结构总体上既要承受巨大的轴力又要承受一定不平衡荷载下的弯矩，属于偏心受压构件，因此，对主塔力学特性的研究主要集中在主塔锚固区。斜拉索主塔锚固区承受巨大的索力，如锚固区采用混凝土结构，由于混凝土材料本身的复杂性及不确定性将导致该部位的受力十分复杂，为了了解该处的受力特性，目前通常采用空间有限元分析或对索塔进行锚固区节段模型试验研究。

单炜[12] 等对哈尔滨绕城高速公路四方台大桥主塔锚固区进行了有限元分析和模型试验研究，李立峰[13] 等对衡阳市湘江三桥索塔锚固区应力分布进行了有限元分析研究；严少波[14] 等对荆州长江公路大桥索塔锚固区进行了应力分析研究，李新平[15] 等对长沙市洪山庙浏阳河大桥索塔锚固区进行了有限元分析，韩富庆[16] 等对安庆长江公路大桥的索塔锚固区应力进行了有限元分析研究。

主塔锚固区节段模型试验分为节段足尺模型和缩小模型试验。在实际工程应用中，通常采用足尺节段模型试验。采用足尺节段模型试验研究的有铜陵长江公路大桥[17]、杨浦大桥[18]、鄱阳湖口大桥[19]、景洪澜沧江大桥[20]、南京长江二桥[21]、芜湖长江大桥[22]、军山长江公路大桥[23]、润扬长江公路大桥[24] 等。其中，景洪澜沧江大桥和润扬长江公路大桥的足尺节段模型试验中采用了沿拉索斜向加载来模拟斜拉索荷载作用，其余模型试验中采用水平加载来模拟斜拉索荷载[25]。

1.2.2 斜拉桥索力研究现状

斜拉桥是一种高次超静定结构，主梁、主塔的内力和变形对斜拉索力的大小很敏感，可谓“牵一索而动全桥”，对应大小不同的索力，斜拉桥的主梁和主塔将有不同的内力和变形状态。大多数斜拉桥都采用悬臂逐段浇筑的方式修建，设计师设计斜拉桥时不仅要考虑成桥后的主梁、主塔的合理内力状态，同时也要考虑斜拉桥建造过程中的合理施工状态，因此，斜拉桥成桥索力和施工索力的确定就成为斜拉桥设计永恒的主题，国内外专家、学者对此做了大量的研究工作。

目前，对成桥索力确定的研究成果主要有刚性支承连续梁法、零位移法、内力（应力）平衡法、弯曲能量最小法、弯矩最小法、影响矩阵法等。施工索力的确定主要有倒拆法、正装—倒拆迭代法、正装迭代法[26] 等。设计中首先应确定成桥索力，然后根据成桥索力结合斜拉桥的施工方法来确定施工索力，但由于斜拉桥存在混凝土收缩、徐变以及结构非线性等因素，所以施工索力的确定存在许多不确定性，很多专家、学者在研究常见方法的缺陷后，又提出了许多修正方法。

颜东煌、刘光栋[27] 对斜拉桥进行正装计算，用最小二乘法调整施工状态和成桥状态的差异来确定施工索力，使正装迭代法求解施工初始张拉力的方法相对简化。范立础、杜国华[28] 在采用倒拆法时，考虑了斜拉桥的非线性，实现了施工中结构的优化计算。梁志广、李建中[29] 用正装迭代法确定合理施工张拉力时考虑了混凝土收缩徐变、非线性等因素。P. H. Wang[30]、程进[31] 等在确定斜拉桥成桥索力和施工索力时，采用带有形状迭代的零位移法，在调整斜拉索索力的同时，对斜拉桥的构形进行修正。黄侨[32] 等在研究了传统正装迭代法的基础上提出了确定斜拉桥合理施工索力的正装计算法。李明[33] 等采用有约束的最小二乘法对斜拉桥的施工索力进行了最优化。贾丽君[34] 等在分析中计入了混凝土的收缩、徐变、结构的几何非线性等因素，采用影响矩阵和最小二乘法对斜拉桥的施工张索力进行了优化。付军[35] 建立有约束的非线性优化模型，考虑斜拉桥几何非线性的影响用遗传算法[36-40] 确定 PC 斜拉桥的合理初始成桥索力。

1.2.3 斜拉桥主梁研究现状

（1）斜拉桥主梁的结构形式

斜拉桥混凝土主梁截面主要有三种形式：双主肋截面、分离式的双边箱截面、闭合箱形截面。

① 双主肋截面　双主肋截面由边主梁与桥面板结合而成，每隔一定间距加设横

隔梁增加结构的刚度，两个主肋用于拉索锚固及承重，如图 1.6 所示。双主肋截面主梁构造简单，施工较方便，可节省工期，但它只适用于双索面漂浮体系斜拉桥。

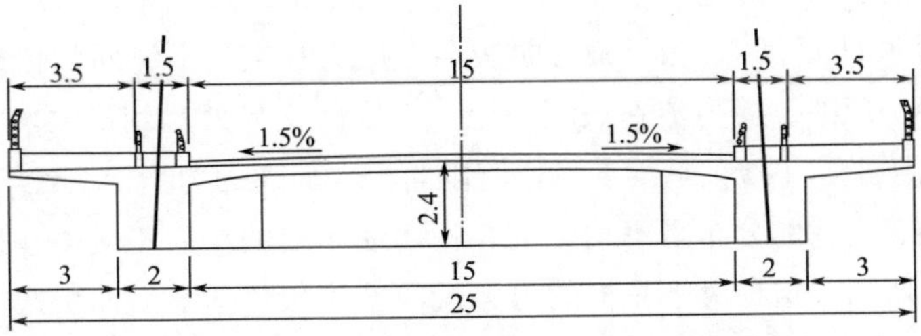

图 1.6 双主肋截面（单位：m）

② 分离式的双边箱截面 分离式的双边箱截面两侧为梯形或三角形封闭箱，端部加厚以便拉索锚固，两三角形之间为整体桥面板，如图 1.7 所示。这种断面具有良好的抗风性能，适用于风载较大的双索面斜拉桥体系。

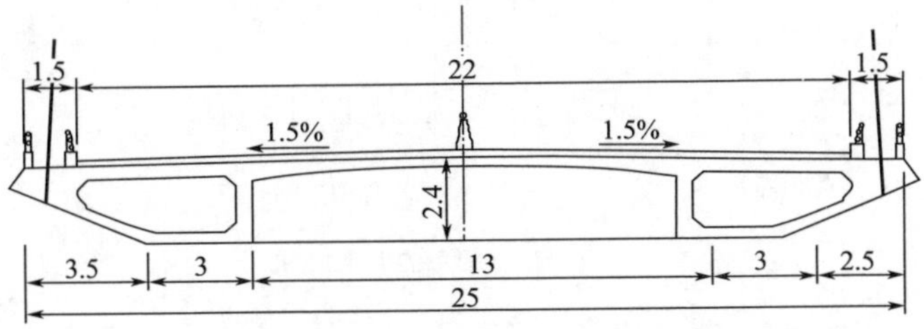

图 1.7 分离式的双边箱截面（单位：m）

③ 闭合箱形截面 闭合箱形截面主梁是现代斜拉桥中经常采用的截面形式，如图 1.8 所示。它的抗扭和抗弯刚度大，能适应单索面、双索面不同斜索的布置。箱梁中的斜腹板虽然施工略为困难，但美观性和抗风方面均优于垂直腹板，此外还能减少桥墩、桥台宽度，降低材料用量。

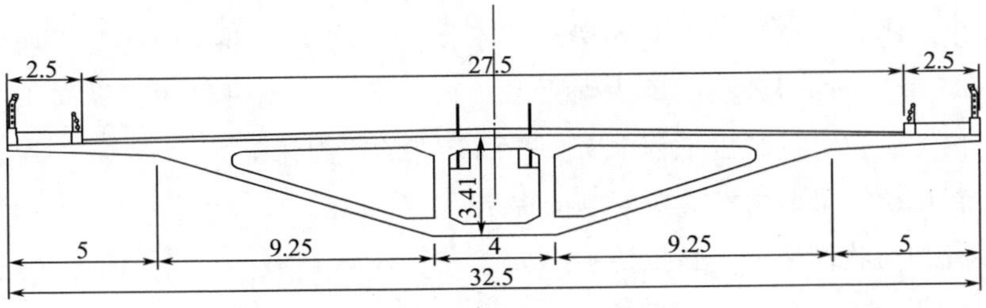

图 1.8 闭合箱形截面（单位：m）

随着斜拉桥的发展，其主梁也不断发展。随着密索斜拉桥的出现，梁高也不断降低，主梁越来越纤细，主梁的高度几乎不受跨度影响，但它必须有足够的刚度，能抵抗由于拉索的巨大压力而发生的压屈及限制集中荷载作用下的局部变形[41]。

（2）箱梁的剪力滞效应

在纵向弯曲的作用下，箱形梁弯曲法向正应力在上、下缘间的传递是通过腹板的剪切变形来实现的。剪力流在腹板与上、下缘的交界处达到最大，向翼缘板传递的过程中，由于上、下缘的剪切变形，所以向板内传递的剪力流会逐渐减小。因此，剪切变形在上、下缘的分布是不均匀的，从而使弯曲的法向正应力在横向分布呈曲线，如图 1.9 所示。这种由于腹板的剪力流向翼缘板传递滞后而引起翼缘板的法向正应力不均匀分布的现象，称为剪力滞后效应。对腹板与翼板交界处的纵向正应力大于按照初等梁理论计算的正应力时，为正剪力滞效应，如图 1.9(a) 所示，否则为负剪力滞效应，如图 1.9(b)[42，43] 所示。

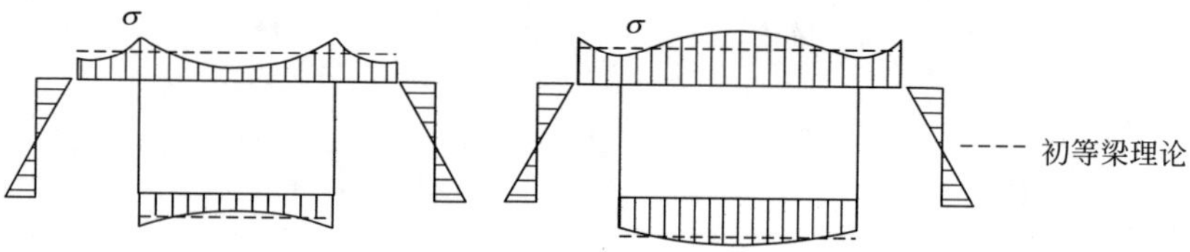

(a) 正剪力滞效应　　(b) 负剪力滞效应

图 1.9　箱形梁截面的正应力分布

为了方便了解箱形梁剪力滞的影响程度，工程上引入了剪力滞系数 λ ：

$$\lambda=\frac{\text{考虑剪切变形所求得的法向应力}}{\text{按初等梁理论所求得的法向应力}} \tag{1.1}$$

λ 是反应剪力滞效应大小的指标，用 λ_e 表示翼板与腹板交界处的剪力滞系数，用 λ_c 表示翼板中点处的剪力滞系数。当 $\lambda_e>1$（或 $\lambda_c<1$）时，称之为正剪力滞效应，反之则称为负剪力滞效应。

对于复杂的结构，剪力滞系数计算可根据上缘和下缘的应力值积分除以上缘和下缘的宽度，得到一个近似于初等梁理论求得的正应力，再运用这个平均值去除各点的实际应力值，即得各点的剪力滞系数。剪力滞系数既可描述梁纵向正应力分布的不均匀情况，也可反映出工程中所关心的某点的应力情况。

（3）斜拉桥箱梁剪力滞效应问题的提出

在恒载和活载作用下，斜拉桥主梁处于一种压弯荷载共同作用的受力状态。箱形主梁宽而薄的翼缘在压弯荷载共同作用下，其正应力分布复杂，剪力滞效应越严重。考虑剪力滞效应后的梁应力峰值通常大于按初等梁理论计算的梁应力值，在实际计算过程中如未考虑剪力滞影响，则会低估箱梁结构产生的应力状态，高估主梁的承载能力，造成结构的不安全性。

目前工程中采用有效宽度代替翼缘实际宽度的方法考虑剪力滞对箱梁的影响，我国新的桥梁规范中补充了对简支梁、连续梁和伸臂梁结构有效宽度的计算方法，但没有对斜拉桥设计做出规定。斜拉桥主梁的剪力滞效应与受弯为主的梁桥有很大不同，不仅要考虑轴力作用下的应力不均匀分布，还需考虑斜拉索的布置方式和刚度、施工方案、荷载布置等因素的影响，特别是对于单索面 PC 斜拉桥索力产生的轴向力较大，且较集中在桥面中心区域，主梁其正应力的分布很复杂。因此，开展单索面 PC 斜拉桥主梁剪力滞效应的研究将有重要的现实意义。

1.2.4 斜拉桥抗震性能研究现状

桥梁结构的抗震分析就是研究桥梁在地震荷载作用下的反应，为桥梁的抗震设计提供可靠的依据。日本大房森吉在 1899 年提出抗震设计静力法的概念，Biot 于 1943 年提出反应谱概念，1948 年 Honsner 提出了基于反应谱理论抗震计算的动力法，1958 年第一届世界地震工程会议后，这个方法被世界上许多国家在抗震设计中采纳[44-48]。19 世纪 60 年代以后，随着世界范围内强震记录的增多和电子计算机技术的广泛应用，一种可以计算桥梁结构地震响应时间历程的一种方法——时程分析法发展起来了。目前，经过国内外专家的不断努力，桥梁抗震计算的理论由早期的静力法发展到后来的动力反应谱法和动态时程分析法[49-51]。

近年来，大跨度桥梁迅速发展，随着桥梁跨径的不断增大，桥梁结构的自振周期明显加长，非线性效应以及地震动的空间效应也越来越明显。另外，由于地震动持时、强度和频谱三要素具有明显的随机性，即不确定性，因此，各种抗震分析方法得到不断改进，随机振动理论[52-57] 在斜拉桥地震反应分析中也得到了应用。

国外很多学者如 Yamamura[58]、Berrah 和 Kausel[59]、Kiureghian 和 Neuen-hofer[60-62] 以及 Vanmarcke[63] 等基于随机振动理论对传统反应谱方法进行了修正，分别提出了分组法、修正系数法、MSRS 法以及组合法，但由于这些计算方法过于复杂，很难被桥梁设计师采纳。刘洪兵[64,65] 提出了一种简化的多支承激励反应谱法，并对芜湖长江大桥斜拉桥部分进行了地震响应分析研究，其结果与 Kiureghian 分析的结果符合较好。项海帆[66] 以天津永和桥为研究对象，分析研究了相位差对漂浮体系斜拉桥地震反应的影响，并对我国抗震规范标准设计谱中的长周期范围进行了修正。范立础[67] 等以南京长江二桥南汉桥斜拉桥为研究，研究了非一致激励下大跨度斜拉桥的响应特征。

1.3

单索面 PC 折塔斜拉桥主要力学特性的研究现状

近年来，随着经济的发展和城市建设景观要求的提高，一些地区修建了一些有背索或无背索的斜塔斜拉桥，人们对斜塔斜拉桥也有了一些研究，并总结出了一些规律。

王伯惠[2] 在《斜拉桥结构发展和中国经验》一书中，介绍了一些斜塔斜拉桥的工程实例，针对其中一些实例进行了一定的研究并总结了一些设计方面的经验。刘永健[68] 等采用板、梁及三维实体单元相结合的方法，对长沙市浏阳河洪山大桥塔梁根部区域进行了空间有限元分析并与试验结果进行了比较分析。章曾焕[10] 等介绍了我国第一座独塔双索面无背索斜拉桥（哈尔滨太阳桥无背索斜拉桥）的主要设计特点和施工方法。张雪[69] 等以一非对称布索斜塔斜拉桥作为工程背景，分析恒载作用下结构的整体平衡和局部平衡的条件，论述了影响整体平衡与局部平衡的因素以及静力平衡下的结构特性，并通过改变影响桥梁受力和变形的一些参数来探讨最合理参数的选择条件。马牛静[70] 等在“斜塔斜拉桥的力学分析”中对板芙二桥斜塔斜拉桥进行了力学分析，并研究了主塔的倾斜角度。蒋成强[71] 等在“斜塔斜拉桥合理成桥索力研究”中分别采用最小弯曲能量法、弯矩平方和最小法以及刚性支撑连续梁法三种常用斜拉桥调索方法对厦门某工程进行了成桥索力研究。

上述研究基本是围绕直线斜塔斜拉桥来进行的，而对预应力混凝土折线塔斜拉桥的主塔、斜拉索、主梁及抗震等力学性能均未进行研究。

斜拉桥的重要结构组成部分是主梁、主塔和斜拉索，其中主梁所承受的大部分恒载和活载都是通过斜拉索传递到主塔上，并最终通过主塔传递到地基基础上，因此主塔本身以传递巨大的竖向力为主，但由于主塔存在折角，在主塔轴线发生变化的折角处巨大的轴向力传递方向发生了变化，因此折角处将产生一较大水平向拉力。如果主塔采用钢结构，折角处的应力问题容易解决，但对于混凝土折线主塔来说，该处的受力将十分复杂。同时，由于折线塔斜拉桥的斜拉索力还需要来平衡倾斜折线形主塔的重量，因此各对称位置的斜拉索力是不平衡的，即使在对称荷载作用下，斜拉索前后锚固面上承受的水平力也是不相等的。

由于预应力混凝土折线塔斜拉桥有以上不同于直塔斜拉桥的力学特性，因此有必要对该种斜拉桥的主要力学特性进行研究，以利于指导该种桥型的设计和施工。

1.4

本书研究的目的及意义

沈阳市富民桥[72] 是世界上第一座也是迄今为止唯一一座预应力混凝土折线塔单索面斜拉桥，美观性与经济性兼备，因此，如何保证预应力混凝土折线塔斜拉桥的设计更加经济合理，如何保证该种桥型施工阶段和使用阶段的结构安全问题，成为目前该种桥型发展过程中亟待解决的问题。要解决上述问题，就要深入地研究预应力混凝土折线塔斜拉桥的力学特性，为预应力混凝土折线塔斜拉桥的设计和施工提供有意义的指导。

本书以沈阳市富民桥为工程背景，对该种形式的斜拉桥的力学特性进行系统的理论研究，确定其在各种受力状态下的力学特性，为合理进行该类桥梁结构设计提供依据，对预应力混凝土折线塔斜拉桥的发展具有十分重要的理论和工程实际意义。

本书的研究背景——沈阳市富民桥的情况如下。

沈阳市富民桥主桥为双折线形塔独柱式单索面预应力混凝土斜拉桥，全长 420m，跨径布置为（89＋242＋89）m，如图 1.10 所示。主梁采用抗风性能很好的近似三角形的断面形式，材料为 50 号混凝土，单箱三室，梁高 3.414m。边跨与中跨在设计中采用了不同的断面尺寸并且在边跨梁端设置了牛腿。中跨各部分尺寸（图 1.11）如下：两边室顶板厚 25cm，中室顶板厚 40cm，底板厚 30cm，竖腹板厚 40cm，斜腹板厚 25cm。$0^{\#}$～$3^{\#}$ 节段及中跨合拢段附近根据受力的需要其各部分厚度均适当增加。横隔板 3.7m 一道，中室横隔板在有缆索锚固的节段厚 40cm，无缆索锚固的节段厚 28cm，两边室横隔板均为 28cm。中跨合拢段横隔板厚 40cm，梁上悬臂板长 5m，端部板厚 16cm，根部板厚 50cm。边跨各部分尺寸（图 1.12）如下：两边室顶板厚 40cm，中室顶板厚 50cm，底板厚 40cm，竖腹板厚 50cm，斜腹板厚 30cm。横隔板 3.15m 一道，中室横隔板在有缆索锚固的节段厚 40cm，无缆索锚固的节段厚 28cm，两边室横隔板均为 28cm。在安装支座的节段横隔板加厚 50cm，梁上悬臂板长 5m，端部板厚 16cm，根部板厚 50cm，悬臂板在梁端适当加厚。主塔采用 50 号混凝土浇筑，箱形断面，桥面以上塔高 67.5m，主塔折角位于桥面以上 33.9m 处，其中下段塔身与水平面夹角为 75°，上段塔身与下段塔身夹角为 7.5°。斜拉索采用扇形布置，每个主塔上布置 15 对，全桥共 120 根。

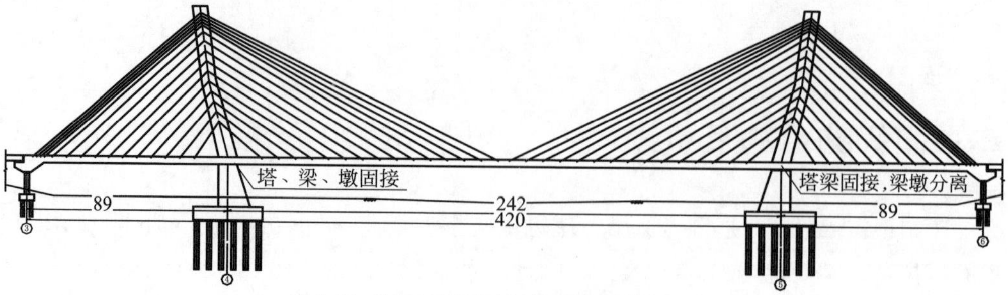

图 1.10　沈阳市富民桥主桥立面布置（单位：m）

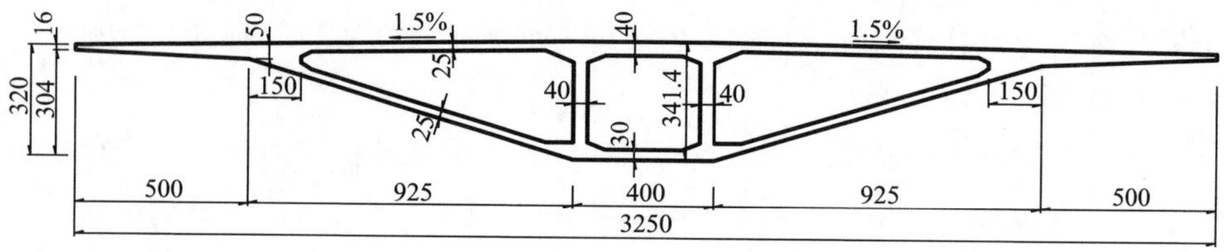

图 1.11　中跨主梁横断面（单位：cm）

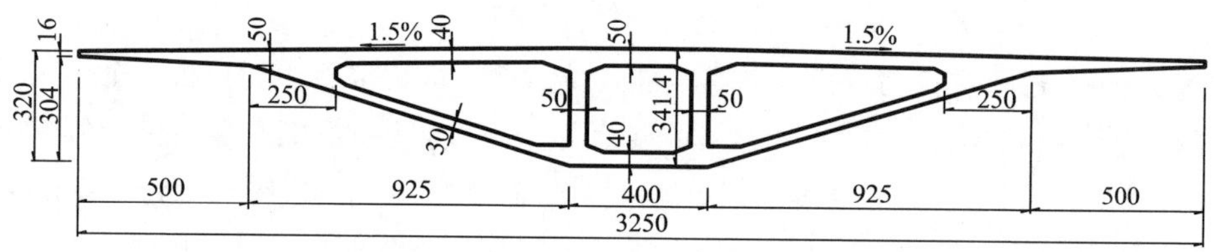

图 1.12　边跨主梁横断面（单位：cm）

1.5

本书主要研究内容

本书以沈阳市富民桥为工程背景，基于结构有限元理论和模型试验研究，通过对比数值计算结果与模型试验结果，对预应力混凝土折线塔斜拉桥的索力确定、混凝土折线塔的构造及受力特点、主梁力学特性以及不同结构体系预应力混凝土折线塔斜拉桥抗震性能等主要力学特性进行深入的研究，本书的主要研究内容如下。

（1）预应力混凝土折塔斜拉桥力学特性的模型试验研究

依据相似理论，以沈阳市富民桥为背景，几何缩尺选用 $n=40$，对预应力混凝土折线塔斜拉桥力学特性进行模型试验研究。模型试验遵循以下原则：模型与原型几何相似；模型与原型对应截面刚度相似；模型和实桥的材料应保持相似关系；施加于模型的荷载应按真实荷载的某一比例缩小或放大；模型与原型边界约束相同。试验内容主要包括：模拟全桥施工过程（8种施工工况）和使用阶段（16种荷载工况）受力状况；研究主梁控制截面应力分布；研究主塔折角处、主塔根部应力分布；研究成桥及施工阶段斜拉索力分布规律。

（2）预应力混凝土折线塔斜拉桥主塔力学特性的研究

分析混凝土折线塔的受力特点，研究混凝土折线塔的断面形式及斜拉索锚固区构造；采用分离式单元模型对混凝土主塔斜拉索锚固区进行实体有限元数值分析，并对锚固区进行足尺模型试验研究，以验证数值计算结果的可靠性；采用整体式单元模型对整个主塔进行实体有限元数值分析，研究折线塔根部、折角处等关键部位的力学特性。

（3）预应力混凝土折线塔斜拉桥索力确定的研究

分析国内外常见斜拉桥合理成桥索力和合理施工索力优化方法的优缺点，研究折线塔斜拉桥的整体平衡和局部平衡的力学特征，确定预应力混凝土折线塔斜拉桥主要构件尺寸的设计方法。结合本书的工程背景，采用平面有限元数值计算，考虑混凝土折线塔斜拉桥成桥后主梁、主塔等主要结构受力特点，研究预应力混凝土折线塔斜拉桥合理成桥索力的确定方法，并进一步根据混凝土折线塔斜拉桥施工阶段的受力特点，确定主塔的浇筑顺序及全桥的施工流程，依据已确认的合理成桥索力研究混凝土折线塔斜拉桥拉索初张力的确定方法。

（4）研究施工阶段、成桥阶段主梁的剪力滞分布规律

用大型有限元软件Midas/Civil对富民桥进行全桥三维有限元分析，研究施工、成桥过程中结构自重、斜拉索索力、施工挂篮荷载作用下的主梁截面应力特性及剪力滞效应。将试验结果与空间有限元、桥梁博士的平面计算结果做对比，结合研究成果，对各控制截面主梁的剪力滞效应进行比较，总结其各自分布规律及特点。针对单索面PC斜拉桥剪力滞沿纵桥向变化的特点，对我国相关规范提出建议，以供设计参考。

（5）预应力混凝土折线塔斜拉桥抗震性能的研究

分别采用反应谱法和时程分析法，对同等跨径下的预应力混凝土直塔斜拉桥和预应力混凝土折线塔斜拉桥在支承体系和不对称体系下的抗震性能进行分析研究。研究主塔造型的改变对斜拉桥动力特性的影响，研究两种不同结构体系斜拉桥频率及整体刚度差异，同时研究两种不同结构体系斜拉桥在地震荷载作用下，产生的塔顶位移、梁端位移以及墩底弯矩的大小，为折线塔斜拉桥结构体系的选择提供有价值的参考。

chapter 2

第2章

单索面PC折塔斜拉桥力学特性的模型试验研究

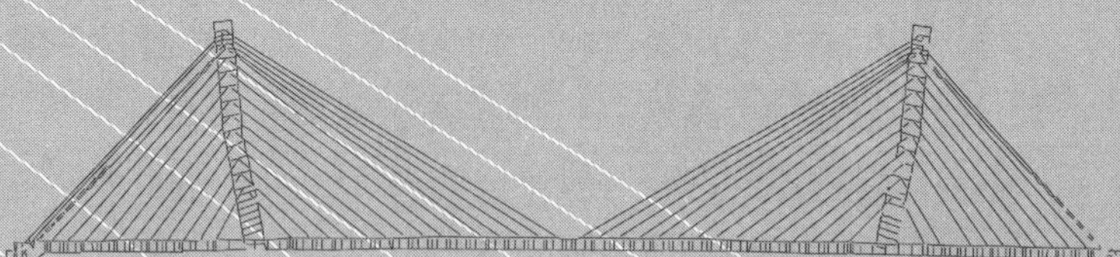

2.1
模型设计及制作

2.1.1 模型的设计

制作结构模型时，以相似理论的三个相似定理为依据，这样方可获得接近客观实际的结果[73-77]。第一相似定理：单值条件相同的两个相似系统，其相似准数的数值也相同。第二相似定理：用 n 个物理量的函数关系表示一现象，这些物理量中含有 m 个基本量纲时，可得到 $n-m$ 个相似判据。第三相似定理：当单值条件即系统的几何性质、起始条件和边界条件、介质的物理性质等彼此相似，且由单值条件物理量所组成的相似判据在数值上相等时，凡具有这些特性的现象必定相似。其中，第三相似定理明确了模型在满足什么现象、什么条件时才能相似，是模型试验必须要遵循的法则。

富民桥试验模型与桥梁原型相对应的截面刚度要相似；试验模型与桥梁原型具有几何相似性，且尽可能地采用大的比例尺；试验模型的荷载按实际荷载比例缩小；试验模型和桥梁原型的材料保持相似；试验模型与实桥边界条件相同。

结合富民桥特点，几何缩尺选用 $n=40$，模型与原型相似关系见表 2.1。

表 2.1　模型试验相似关系表

物理量	原型	模型	物理量	原型	模型
长度	l_p	$L_m=l_p(1/n)$	重量	W_p	$W_m=W_p(1/n^2)$
截面积	A_p	$A_m=A_p(E_p/E_m)(1/n^2)$	应变	ε_p	$\varepsilon_m=\varepsilon_p$
截面抗弯惯性矩	I_p	$I_m=I_p(E_p/E_m)(1/n^4)$	线位移	δ_p	$\delta_m=\delta_p(1/n)$
截面抗扭惯性矩	J	$L_m=J_p(E_p/E_m)(1/n^4)$	角位移	α_p	$\alpha_m=\alpha_p$
弹性模量	E_p	E_m	应力	σ_p	$\sigma_m=\sigma_p(E_m/E_p)$
集中荷载	F_p	$F_m=F_p(1/n^2)$	反力	R_p	$R_m=R_p(1/n^2)$
线荷载集度	q_p	$q_m=q_p(1/n)$	剪力	Q_p	$Q_m=Q_p(1/n^2)$
分布面荷载集度	p_p	$p_m=p_p(1/n)$	弯矩	M_{bp}	$M_{bm}=M_{bp}(1/n^3)$
分布弯矩集度	m_p	$m_s=m_p(1/n^2)$	扭矩	M_{Tp}	$M_{Tm}=M_{Tp}(1/n^3)$

（1）箱梁设计

采用铝合金材料制造模型主梁，箱梁各段采用板材通过铆钉并胶粘连接而成。C50 混凝土与铝合金弹性模量比为 0.5，根据相似关系可求出模型箱梁截面面积和惯性矩：

$$A_m = A_p(1/2)\times(1/40^2) \tag{2.1}$$

$$I_m = I_p(1/2)\times(1/40^4) \tag{2.2}$$

依据几何相似性定理，箱梁截面模型尺寸基本保持不变，箱梁壁厚减半，以保证截面面积和惯性矩相似，截面相似偏差控制在容许范围内。模量的误差只影响截面应力，可对模型和原型进行相应的工况计算，根据应变、应力的计算结果来确定它们准确的相似比。

原型按几何缩尺得到的铝合金箱梁模型的厚度与箱壁及上缘伸臂板厚度均小一半，原型与模型在局部稳定上存在一定的差异，可以通过增加横向主肋的方式提高板件的屈曲抗力来消除这些差异。试验模型的箱梁共 19 段，按施工过程逐段地拼接。利用在吊点直接挂重物的方式进行恒载补偿，施工荷载、活荷载采用在桥面加重物的方式实施。主梁一般截面形式、全桥模型布置见图 2.1。

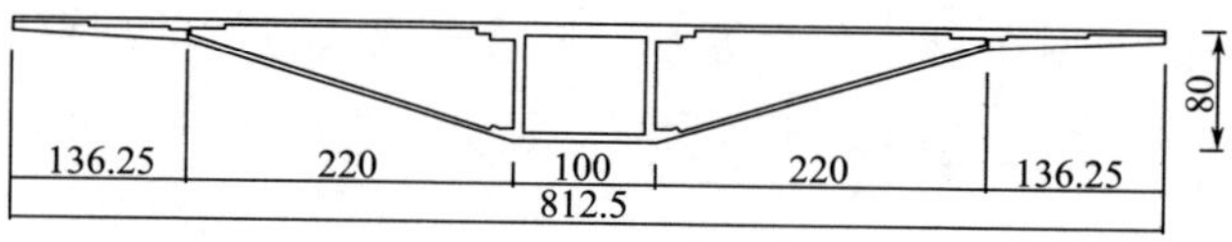

(a) 中跨截面示意

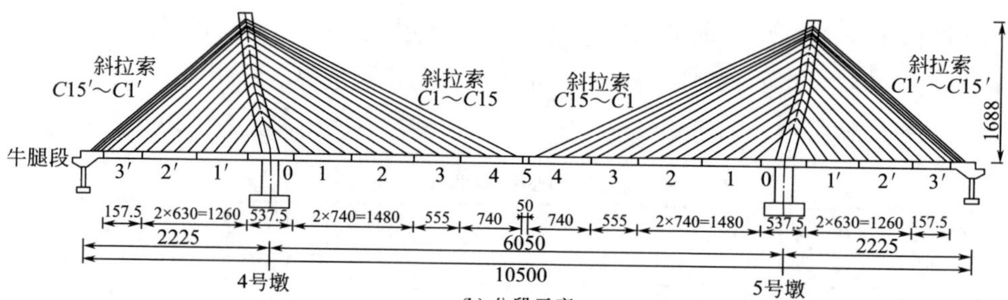

(b) 分段示意

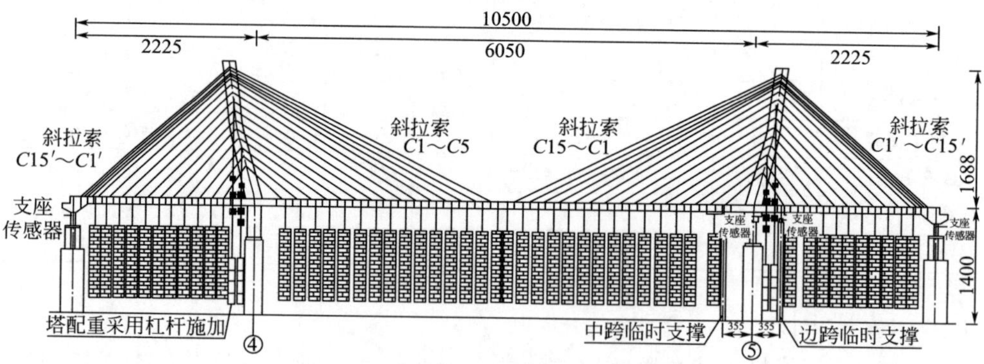

(c) 临时支撑及加载

图 2.1 模型布置图（单位：mm）

（2）斜拉索设计

采用高强钢丝制作模型的斜拉索，原型拉索与模型材质相同，即弹性模量比等于1，模型斜拉索截面面积计算如下：

$$A_m = 1/40^2 A_p \tag{2.3}$$

桥塔、箱梁与斜拉索之间采用螺纹连接，这样便于调索。于连接部位安装振弦式测力传感器用以测量斜拉索的索力。

斜拉索的自重对拉索变形的影响较大，为了能够真实地反映结构非线性的受力特点，对斜拉索的自重进行了荷载补偿，仍采用附加质量的方式。

（3）主塔设计

由Q235B碳素结构钢焊接制作斜拉桥主塔，与C50混凝土的弹性模量比为6。根据相似理论，得到模型主塔截面面积和惯性矩，计算公式如下：

$$A_m = A_p(1/6)\times(1/40^2) \tag{2.4}$$

$$I_m = I_p(1/6)\times(1/40^4) \tag{2.5}$$

主塔截面外轮廓尺寸基本保持不变，按1/6进行壁厚的折减，进而惯性矩和截面面积的相似关系得到满足。

主塔整体制作，与箱梁间采用螺栓连接。由于本桥主塔为折线形，主塔的恒载不仅产生塔身的应力还将产生塔身的弯矩，会对整个斜拉桥结构体系内力状态产生影响，因此需对主塔进行恒载补偿。

（4）桥墩及支座设计

采用钢材焊接制造边墩和主墩。箱梁与4号墩采用螺栓连接，5号墩设置支座，3号、6号墩设置支座，在每个支座下设置荷载传感器，并采用拉力施加装置来模拟牛腿段恒载。主塔和主梁的截面特性见表2.2。

表2.2　主梁和主塔的截面特性

项目	量	实桥	模型理论值	实际值	实际值/理论值
主塔上段	A	16.499m^2	17.19cm^2	16.534cm^2	0.962
	I_{XX}	23.946m^4	155.90cm^4	162.56cm^4	1.043
	I_{YY}	91.638m^4	596.60cm^4	599.45cm^4	1.005
主塔折角下部	A	16.574m^2	17.26cm^2	16.624cm^2	0.963
	I_{XX}	24.070m^4	156.71cm^4	163.82cm^4	1.045
	I_{YY}	93.722m^4	610.17cm^4	613.15cm^4	1.005
主塔根部	A	18.276m^2	19.04cm^2	17.85cm^2	0.938
	I_{XX}	27.463m^4	178.80cm^4	181.10cm^4	1.013
	I_{YY}	132.078m^4	859.88cm^4	819.58cm^4	0.953

续表

项目	量	实桥	模型理论值	实际值	实际值/理论值
主梁 中跨标准段	A	19.151m^2	59.85cm^2	56.75cm^2	0.948
	I	22.583m^4	441.07cm^4	439.04cm^4	0.995
主梁 边跨标准段	A	24.679m^2	77.12cm^2	70.96cm^2	0.920
	I	26.877m^4	524.94cm^4	535.41cm^4	1.020
主梁 中跨塔根段	A	30.586m^2	95.58cm^2	90.20cm^2	0.944
	I	33.126m^4	646.99cm^4	676.17cm^4	1.045
主梁 边跨塔根段	A	31.073m^2	97.10cm^2	90.20cm^2	0.929
	I	33.195m^4	648.34cm^4	676.17cm^4	1.043

2.1.2 模型制作及安装

采用特制振弦式传感器模拟斜拉索传感器，为了保证长期的稳定性、准确性、可靠性，在安装前要逐一标定。

箱梁分段进行安装，以模拟施工过程，按照施工要求于5号墩设置临时墩，安装荷载传感器，测量施工荷载作用下临时支点的反力。模型安装见图2.2。

(a) 模型4号墩已安装8对斜拉索

(b) 模型5号墩边跨合拢

(c) 模型中跨合拢

(d) 模型成桥

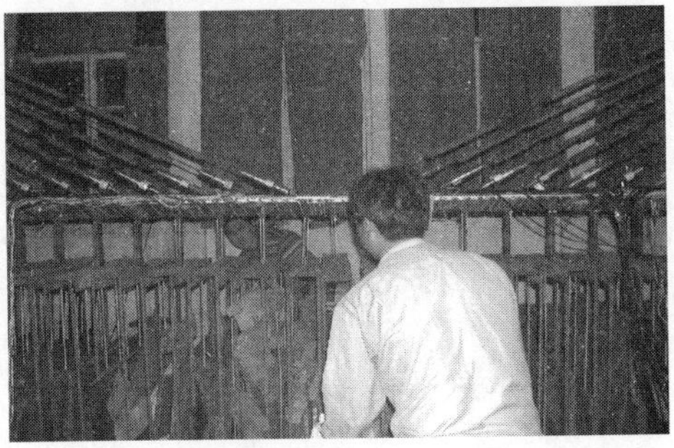

(e) 模型施加二期恒载

(f) 模型施加活载

图 2.2 模型安装

2.1.3 恒载补偿

（1）主塔的恒载补偿

主塔的恒载补偿以集中荷载的形式分两段进行，采用杠杆系统来施加。上段主塔荷载施加在主塔上段重心处，下段荷载根据塔根弯矩相似进行补偿，保证塔根截面和主塔折角截面荷载相似。上段补偿质量为 837.1kg，下段补偿质量为 620kg。

（2）主梁的荷载补偿

主梁的荷载补偿采用集中荷载的形式施加在横隔板处。中跨标准段补偿质量为 260.3kg，中跨塔根段补偿质量为 385.3kg，边跨标准段补偿质量为 277.2kg，边跨塔根段补偿质量为 335.8kg。二期荷载补偿为对于每个吊点：边跨为 65.0kg，中跨为 76.3kg。

2.2 模型试验的内容

富民桥结构体系比较复杂，采用单纯的有限元数值计算，很难全面地掌握主梁实际应力分布和剪力滞情况，通过模型试验的验证以期直接确定结构的安全度。

2.2.1 试验荷载工况及测试内容

本桥模型试验主要分为施工阶段和成桥阶段。

（1）施工阶段

按原桥实际的施工过程安装斜拉索及箱梁，逐步对斜拉索、箱梁、主塔进行恒载补偿，对斜拉索进行张拉，并进行调索。

施工阶段模型试验需进行模拟施工荷载以及中跨合拢等工况的主梁截面应力的测试。

(2) 成桥阶段

桥梁恒载状态形成后，即可进行成桥阶段试验。成桥阶段试验共进行了 9 个对称荷载工况和 3 个偏载工况。为了直观了解汽车荷载和人群荷载对结构的影响，本试验采用影响线的概念，对活载按影响线加载进行结构分析。

2.2.2 测试系统及测点布置

模型试验测试系统包括：支反力测试系统、恒载测试系统、应力测试系统、位移测试系统、索力测试系统。

各支点安装标定的应变测试仪及荷载传感器组成支反力测试系统。恒载测试直接采用已标定的台秤进行。应力测试系统由应变仪和电阻应变片组成，试验中采用电测法进行活载和恒载结构应力分布测试。位移测试采用水准仪、百分表、经纬仪进行。索力测试系统由标定的特制频率测试仪及钢弦式荷载传感器组成。测试截面及主梁测试截面测点布置见图 2.3 和图 2.4。

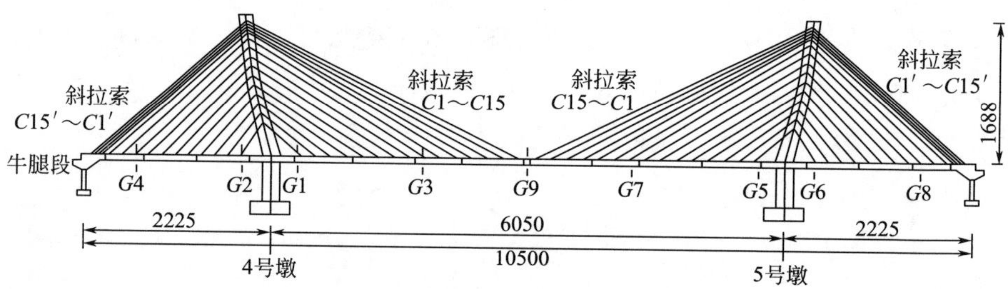

图 2.3 测试截面布置图（单位：mm）

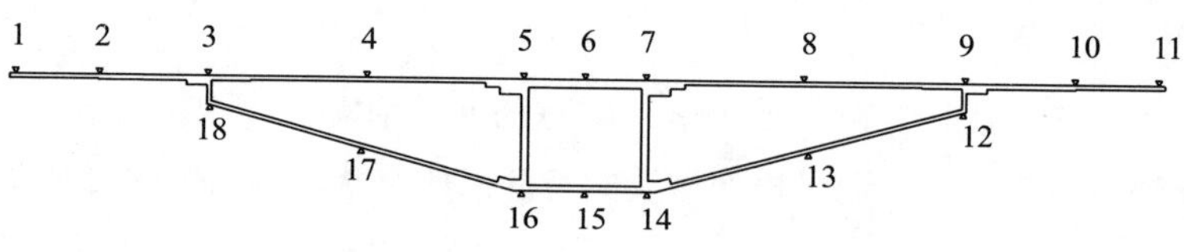

图 2.4 主梁测试截面测点布置图

2.2.3 测试仪器

测试的主要仪器包括：静态应变仪（DH3815）、应变仪（UCAM-70A）、频率仪

(JMZX-300)、水准仪（Leica NA2)、电子百分表（KYOWA DT-20)、经纬仪（J2)、电脑。应力测试系统和仪器见图 2.5 和图 2.6。

图 2.5　应力测试系统

图 2.6　应力测试仪器

2.3

模型试验结果

根据模型与实桥各测试截面的特性，推算的测试应力结果换算关系见表 2.3。从表 2.3 中可以看到模型与实桥对应点单项应力最大相差 12%，在弯曲应力和轴向应力共同作用下，各测点应力相差不超过 10%。对各测点应力进行分析时，直接采用模型实测应变与实桥混凝土弹性模量相乘而得的测点应力，认为是实桥对应点的应力。

表 2.3　模型与实桥各测试截面应力换算关系表

截面部位		模型	实桥	$\sigma_{实桥}/\sigma_{模型}$	
				σ_a/σ_a	σ_w/σ_w
边跨塔根段	A/cm^2	90.17	3.11×10^5	0.93	
	I/cm^4	675.44	3.32×10^9		
	Y_c/cm	2.74	117		
	W_s/cm^3	246.51	2.84×10^7		1.11
	W_x/cm^3	123.71	1.48×10^7		1.07
边跨标准段	A/cm^2	70.96	2.47×10^5	0.92	
	I/cm^4	536.09	2.69×10^9		
	Y_c/cm	2.49	107		
	W_s/cm^3	215.30	2.51×10^7		1.10
	W_x/cm^3	93.89	1.15×10^7		1.05

续表

截面部位		模型	实桥	$\sigma_{实桥}/\sigma_{模型}$	
				σ_a/σ_a	σ_w/σ_w
中跨标准段	A/cm^2	56.75	1.92×10^5	0.95	
	I/cm^4	439.03	2.26×10^9		
	Y_c/cm	2.56	108		
	W_s/cm^3	171.50	2.09×10^7		1.05
	W_x/cm^3	77.84	9.68×10^6		1.03
中跨塔根段	A/cm^2	90.17	3.06×10^5	0.94	
	I/cm^4	675.44	3.31×10^9		
	Y_c/cm	2.74	117		
	W_s/cm^3	246.51	2.83×10^7		1.11
	W_x/cm^3	123.71	1.48×10^7		1.07

2.3.1 施工阶段试验结果

施工阶段试验共进行了以下 8 个工况。

工况 1：安装 0（0′）号梁段及 1（1′）号梁段，张拉 $C1\sim C4$（$C1'\sim C4'$）索，施加施工荷载；

工况 2：安装 2（2′）、3（3′）号梁段，张拉 $C5\sim C10$（$C5'\sim C10'$）索，施加施工荷载；

工况 3：张拉 $C11$（$C11'$）索，结构处于最大双伸臂状态，施加风荷载；

工况 4：边跨合拢，5 号墩调索，$C11$ 索处施加施工荷载；

工况 5：安装 4 号段，张拉 $C12\sim C14$（$C12'\sim C14'$）索，在 $C14$ 索处施加施工荷载；

工况 6：张拉 $C14$（$C14'$）索，在最大单伸臂状态，施加横向风力；

工况 7：张拉 $C15$（$C15'$）索，施加合拢配重，完成中跨合拢；

工况 8：调索，施加二期恒载。

由于本书主要关注成桥索力、主梁和主塔控制截面最大应力等情况，并且篇幅有限，因此本书将详细给出工况 8（成桥状态）试验结果，其他工况只给出部分重要试验结果。

2.3.1.1 工况 8 试验结果

（1）主梁应力

工况 8 主梁各测试截面实测应力见表 2.4。

表 2.4　主梁各测试截面实测应力表　　单位：MPa

测点编号		G1 截面		G2 截面		G3 截面	
		调索	施加二恒	调索	施加二恒	调索	施加二恒
上缘	1	−6.52	−5.47	−4.61	−4.87	−2.84	−3.41
	2	−7.05	−5.43	−3.60	−3.95	−1.53	−2.26
	3	−9.10	−6.59	−6.30	−6.71	−1.94	−2.83
	4	−5.95	−3.02	−3.41	−3.91	−1.78	−2.74
	5	−8.87	−7.25	−3.59	−4.36	−2.51	−4.07
	6	−5.46	−5.46	−3.02	−3.69	−2.61	−4.23
	7	−8.30	−6.99	−2.63	−3.33	−2.42	−3.69
	8	−6.92	−4.88	−1.62	−2.13	−1.91	−3.12
	9	−7.40	−5.36	−2.68	−3.38	−1.37	−2.29
	10	−5.93	−4.24	−3.34	−4.07	−1.05	−1.78
	11	−4.58	−3.43	−3.97	−4.77	−1.15	−1.56
斜底	12	−3.13	−3.86	−2.19	−2.73	−3.21	−4.55
	13	−2.99	−6.23	−2.93	−3.82	—	—
下缘	14	−4.68	−11.90	−5.28	−7.13	−9.71	−10.63
	15	−3.69	−11.52	−2.39	−3.60	−3.31	−6.88
	16	−3.57	−10.34	−5.92	−7.83	−11.30	−12.00
斜底	17	−1.11	−4.39	−3.37	−4.33	−5.72	−6.27
	18	−2.49	−3.35	−1.21	−1.65	−3.38	−4.81

测点编号		G4 截面		G5 截面		G6 截面	
		调索	施加二恒	调索	施加二恒	调索	施加二恒
上缘	1	−2.54	−2.86	−5.25	−4.55	−1.75	−1.59
	2	−3.50	−3.92	−6.39	−5.57	−1.97	−1.65
	3	−5.95	−6.43	−8.53	−7.58	−2.45	−1.91
	4	−3.69	−4.16	−7.64	−6.88	−2.48	−2.06
	5	−4.23	−4.77	−6.68	−6.27	−5.28	−4.52
	6	−4.52	−4.90	−6.30	−5.85	−5.79	−5.09
	7	−4.65	−5.09	−6.65	−6.14	−6.83	−6.23
	8	−3.69	−4.23	−8.40	−7.64	−2.74	−2.49
	9	−3.53	−4.11	−7.92	−7.10	−3.08	−2.64
	10	−3.05	−3.53	−7.92	−7.16	−2.58	−2.20
	11	−3.08	−3.53	−6.55	−5.92	−2.87	−2.55

续表

测点编号		G4截面		G5截面		G6截面	
		调索	施加二恒	调索	施加二恒	调索	施加二恒
斜底	12	−3.63	−4.33	−2.36	−2.87	−2.99	−3.50
	13	−3.08	−3.69	−1.97	−3.85	−2.23	−3.47
下缘	14	−2.32	−2.80	—	—	−4.62	−8.66
	15	−2.10	−2.96	−2.99	−7.67	−4.36	−8.02
	16	−2.68	−3.12	−0.89	−5.47	−2.93	−6.62
斜底	17	−3.22	−3.66	−2.54	−4.93	−2.10	−3.56
	18	−3.18	−3.66	−2.03	−2.70	−2.35	−2.83

测点编号		G7截面		G8截面		G9截面	
		调索	施加二恒	调索	施加二恒	调索	施加二恒
上缘	1	−0.28	−1.49	−2.90	−3.34	1.65	−0.45
	2	−0.38	−1.66	−2.48	−2.86	1.94	−0.54
	3	−0.32	−1.72	−0.83	−0.83	2.54	−0.48
	4	−2.62	−3.86	−2.86	−3.25	2.71	−0.16
	5	−1.60	−2.94	−3.91	−4.13	3.21	−0.03
	6	−2.01	−3.51	−3.21	−3.43	2.68	−0.25
	7	−1.31	−2.65	−2.42	−2.74	2.80	−0.44
	8	0.15	−1.25	−2.29	−2.64	2.83	−0.32
	9	−0.01	−1.38	−2.64	−3.05	2.58	−0.66
	10	−0.26	−1.34	−1.75	−2.13	2.07	−0.73
	11	0.26	−0.44	−2.67	−3.08	1.94	−0.44
斜底	12	−2.38	−3.46	−2.74	−3.69	0.61	−0.10
	13	−5.19	−5.54	−1.14	−2.38	−3.50	−1.27
下缘	14	−10.41	−10.28	−0.95	−2.83	−8.27	−2.22
	15	−13.96	−13.74	−2.99	−5.37	−7.00	−1.59
	16	−12.29	−12.29	−1.05	−2.51	−7.95	−1.27
斜底	17	−6.77	−7.15	−1.17	−2.32	−3.04	−1.13
	18	−3.20	−4.28	−2.74	−3.53	0.63	−0.31

表 2.4 中数据为现场实测主梁应力情况，由于模型试验无法模拟预应力效应，因此该数据未包括预应力效应。从表 2.4 中数据可知未考虑预应力效应时主梁 $G1$～$G9$ 截面顶、底板最大应力情况如下。

$G1$ 截面：顶板最大压应力为－7.25MPa，底板最大压应力为－11.90MPa。

$G2$ 截面：顶板最大压应力为－6.71MPa，底板最大压应力为－7.83MPa。

$G3$ 截面：顶板最大压应力为－4.23MPa，底板最大压应力为－12.00MPa。

$G4$ 截面：顶板最大压应力为－6.43MPa，底板最大压应力为－3.12MPa。

$G5$ 截面：顶板最大压应力为－7.64MPa，底板最大压应力为－7.67MPa。

$G6$ 截面：顶板最大压应力为－6.23MPa，底板最大压应力为－8.66MPa。

$G7$ 截面：顶板最大压应力为－3.86MPa，底板最大压应力为－13.74MPa。

$G8$ 截面：顶板最大压应力为－4.13MPa，底板最大压应力为－5.37MPa。

$G9$ 截面：顶板最大压应力为－0.73MPa，底板最大压应力为－2.22MPa。

预应力效应采用理论计算值，主梁各测试截面预应力效应及其与恒载效应叠加后顶、底板最大应力见表 2.5。

表 2.5　各测试截面顶、底板最大应力　　单位：MPa

截面	恒载效应		预应力效应		恒载＋预应力		顶板		底板	
	顶板	底板	顶板	底板	顶板	底板	平均值	理论值	平均值	理论值
$G1$	－7.25	－11.9	－0.56	－3.22	－7.81	－15.12	－5.84	－5.32	－14.47	－14.2
$G2$	－6.71	－7.83	－1.55	－0.39	－8.26	－8.22	－5.66	－5.23	－6.58	－6.47
$G3$	－4.23	－12	－2.2	－0.75	－6.43	－12.75	－5.11	－4.72	－10.59	－9.68
$G4$	－6.43	－3.12	－2.53	－3.36	－8.96	－6.48	－6.85	－6.37	－6.32	－6.04
$G5$	－7.64	－7.67	－0.66	－3.03	－8.3	－10.7	－7.08	－6.77	－9.6	－9.43
$G6$	－6.23	－8.66	－2.3	－0.94	－8.53	－9.6	－5.29	－4.69	－8.71	－8.49
$G7$	－3.86	－13.74	－2.18	－0.8	－6.04	－14.54	－4.2	－4.12	－12.9	－12.16
$G8$	－4.13	－5.37	－2.38	－3.74	－6.51	－9.11	－5.24	－4.61	－7.31	－6.98
$G9$	－0.73	－2.22	－4.37	－6.72	－5.1	－8.94	－4.78	－4.63	－8.41	－8.27

（2）主墩及塔柱截面应力

4 号墩 $T1$ 截面及 4 号塔柱塔根 $T2$ 截面应力见表 2.6，4 号墩塔柱折角截面应力见表 2.7，5 号墩塔根及塔柱折角截面应力见表 2.8。

表 2.6　4 号墩 *T*1 截面及 4 号塔柱塔根 *T*2 截面应力　　单位：MPa

4 号墩 *T*1 截面				4 号墩 *T*2 截面			
部位	点号	调索	二恒	部位	点号	调索	二恒
边跨侧	1	−2.87	−2.55	中跨侧	1	−6.93	−9.45
	2	−5.41	−5.41		2	−6.45	−8.87
	3	−7.70	−7.67		3	−5.67	−7.96
	4	−6.33	−6.30		平均值	−6.36	−8.76
	5	−3.41	−3.12		理论值	−8.38	−14.00
	平均值	−5.26	−5.04	上游侧	4	−9.07	−11.55
	理论值	−3.94	−2.69		5	−12.85	−9.39
上	6	−3.24	−3.40		6	−10.82	−8.69
中跨侧	7	−2.64	−3.60	边跨侧	7	−18.71	−16.83
	8	−5.25	−7.16		8	−15.14	−13.58
	9	−4.81	−7.35		9	−12.54	−10.85
	10	−3.34	−5.03		平均值	−15.46	−13.76
	11	−2.32	−3.12		理论值	−12.50	−10.10
	平均值	−3.82	−6.45	下游侧	10	−14.51	−11.87
	理论值	−2.19	−4.78		11	−9.71	−6.68
下	12	−2.92	−3.05		12	−9.23	−12.03

表 2.7　4 号墩塔柱折角截面应力　　单位：MPa

部位	测点号	*T*3-1 截面		*T*3-2 截面	
		调索	二恒	调索	二恒
中跨侧	1	−11.01	−14.22	−6.96	−9.29
	2	−16.80	−21.35	−11.36	−14.32
	3	−10.34	−13.94	−8.48	−10.81
	平均值	−12.71	−16.50	−8.94	−11.48
	理论值	−9.76	−13.90	−8.12	−11.50
上游侧	4	−12.98	−15.94	−4.14	−5.83
	5	−12.66	−14.35	−7.81	−8.86
	6	−6.30	−7.03	−23.92	−24.65
边跨侧	7	−4.39	−5.12	−5.01	−5.74
	8	−3.46	−3.82	−6.26	−6.99
	9	−6.30	−6.62	−4.72	−5.13
	平均值	−4.72	−5.19	−5.33	−5.96
	理论值	−3.81	−2.39	−5.19	−4.58

续表

部位	测点号	T3-1 截面		T3-2 截面	
		调索	二恒	调索	二恒
下游侧	10	−5.41	−5.76	−7.69	−8.08
	11	−4.93	−5.44	−3.46	−4.19
	12	−2.48	−2.99	−4.13	−5.50

表 2.8　5 号墩塔根及塔柱折角截面应力　　单位：MPa

部位	测点号	T4 截面		T5-1 截面		T5-2 截面	
		调索	二恒	调索	二恒	调索	二恒
中跨侧	1	−8.18	−9.77	−13.84	−15.53	−10.82	−11.90
	2	−6.59	−8.02	−14.44	−16.10	−12.13	−13.24
	3	−11.09	−13.47	−10.53	−11.36	−8.50	−9.04
	平均值	−8.62	−10.42	−12.94	−14.33	−10.48	−11.39
	理论值	−8.19	−8.63	−11.10	−11.80	−9.29	−9.73
上游侧	4	−9.45	−11.14	0.89	1.08	−4.17	−4.52
	5	−10.70	−12.83	−2.22	−2.67	−2.07	−2.20
	6	−8.06	−9.69	−3.76	−4.93	−2.94	−3.92
边跨侧	7	−12.50	−14.76	1.24	−0.95	−3.78	−5.95
	8	−9.51	−11.87	−3.82	−5.64	−6.43	−9.36
	9	−10.22	−13.43	−6.56	−9.07	−6.20	−8.85
	平均值	−10.74	−13.35	−3.05	−5.22	−5.47	−8.05
	理论值	−12.40	−15.30	−2.55	−4.75	−4.07	−6.52
下游侧	10	−9.43	−11.11	−3.79	−4.78	−9.90	−12.64
	11	−10.47	−12.20	−3.85	−4.64	0.70	0.70
	12	−6.49	−7.72	−8.88	−10.24	−11.01	−12.92

（3）成桥索力

图 2.7 和图 2.8 分别为 4 号墩和 5 号墩索力柱状图。

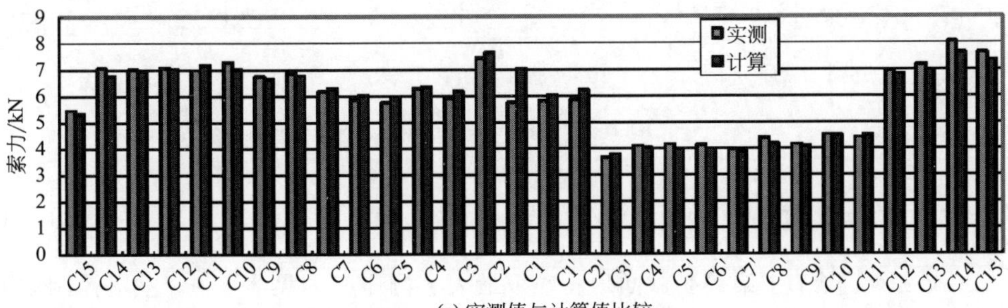

(a) 实测值与计算值比较

图 2.7

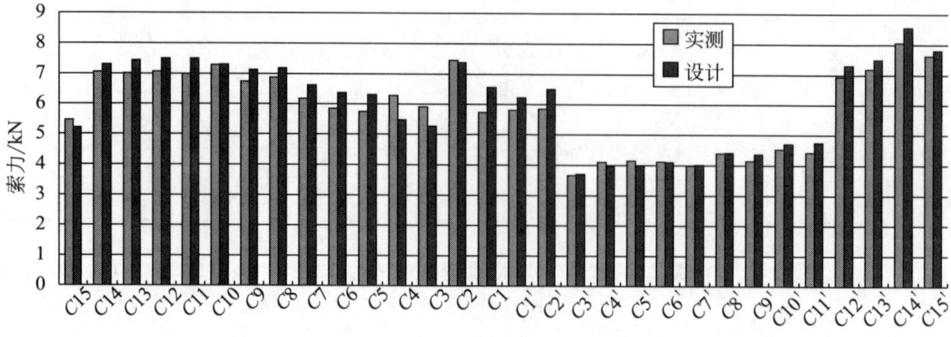

(b) 实测值和设计值比较

图 2.7　4 号墩成桥索力柱状图

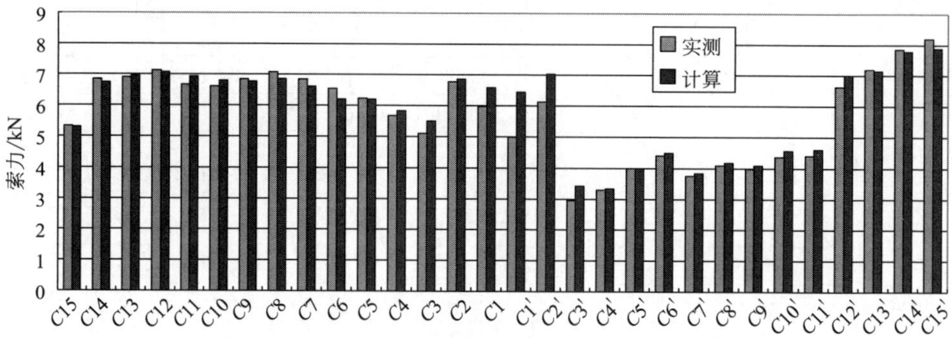

(a) 实测值与计算值比较

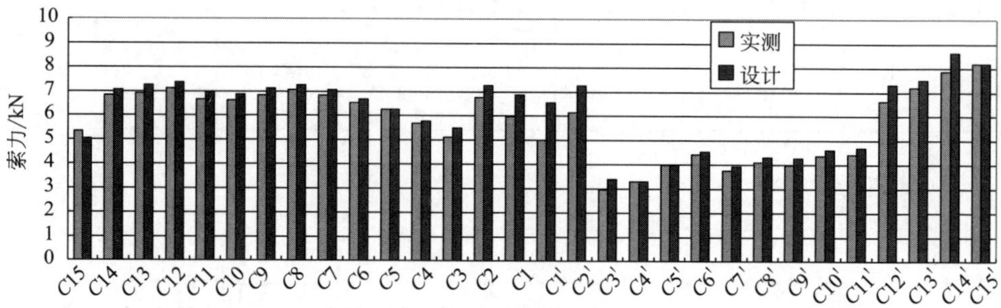

(b) 实测值与设计值比较

图 2.8　5 号墩成桥索力柱状图

2.3.1.2　工况 1～工况 7 试验结果

工况 1～工况 7 主梁控制截面顶、底板最大实测压应力见表 2.9，主塔控制截面压应力见表 2.10。

表 2.9　工况 1～工况 7 主梁控制截面顶、底板最大实测压应力

单位：MPa

截面		$G1$	$G2$	$G3$	$G4$	$G5$	$G6$	$G7$	$G8$	$G9$
工况 1	顶板	−1.31	0.03			−0.08	−1.35			
	底板	−6.36	−4.36			−5.47	−6.59			
工况 2	顶板	−4.22	−2.48	−0.83	−1.75	−3.7	−1.96	−0.98	−1.14	
	底板	−6.33	−4.36	−8.72	−5.47	−4.51	−5.46	−7.93	−5.49	
工况 3	顶板									
	底板									
工况 4	顶板	−3.97	−5.41	−0.89	−1.18	−6.07	−3.27	−2.29	−1.02	
	底板	−7.79	−2.9	−9.29	−6.17	−1.7	−4.78	−9.16	−8.08	
工况 5	顶板	−6.67	−6.78	−2.1	−4.77	−7.73	−4.61	−1.69	−3.18	
	底板	−7.76	−4.42	−13.97	−4.77	−2.47	−3.79	−15.02	−5.12	
工况 6	顶板	−8.15				−8.21				
	底板	−6.39				−2.05				
工况 7	顶板	−7.83	−6.3	−2.45	−5.79	−7.83	−4.67	−2.4	−4.36	3.31
	底板	−5.76	−5.79	−10.98	−2.39	−3.69	−3.38	−13.8	−1.59	−8.27

表 2.10　工况 1～工况 7 主塔控制截面压应力　　单位：MPa

截面		$T1$	$T2$	$T3$-1	$T3$-2	$T4$	$T5$-1	$T5$-2
工况 1	最大应力	−1.8	−7.18			−3.77		
	最小应力	−0.33	−1.49			−1.61		
工况 2	最大应力	−4.42	−12.98	−13.55	−8.46	−8.33	−8.74	−7.16
	最小应力	−1.27	−4.52	−1.46	−1.46	−4.48	−2.14	−2.18
工况 3	最大应力							
	最小应力							
工况 4	最大应力	−5.63	−9.2	−16.1	−10.38	−10.07	−10.59	−8.9
	最小应力	−1.27	−5.85	−0.54	−1.15	−5.85	−2.29	−2.22
工况 5	最大应力	−6.27	−16.39	−19.79	−13.43	−12.28	−14.57	−12.25
	最小应力	−1.91	−6.18	−3.21	−3.56	−7.29	−4.26	−3.78
工况 6	最大应力							
	最小应力							
工况 7	最大应力	−7.64	−18.87	−17.4	−11.65	−12.13	−14.22	−12.03
	最小应力	−1.97	−4.46	−3.12	−4.37	−7.1	−3.82	−3.75

2.3.2 成桥阶段试验结果

成桥阶段试验共进行了以下 16 个荷载工况。

工况 1（LC1），对 $G4$ 截面正弯矩加载；

工况 2（LC2），对 $G2$ 截面负弯矩加载；

工况 3（LC3），对 $G1$ 截面负弯矩加载；

工况 4（LC4），对 $G3$ 截面正弯矩加载；

工况 5（LC5），对 $G9$ 截面正弯矩加载；

工况 6（LC6），对 $G7$ 截面正弯矩加载；

工况 7（LC7），对 $G5$ 截面负弯矩加载；

工况 8（LC8），对 $G6$ 截面负弯矩加载；

工况 9（LC9），对 $G8$ 截面正弯矩加载；

工况 10（LC10），对 $T3$-1 截面正弯矩加载；

工况 11（LC11），对 $T2$ 截面正弯矩加载；

工况 12（LC12），对 $T1$ 截面正弯矩加载；

工况 13（LC13），对 $T5$-1 截面负弯矩加载；

工况 14（LC14），对 $T5$-1 截面正弯矩加载；

工况 15（LC15），对 $T4$ 截面负弯矩加载；

工况 16（LC16），对 $T4$ 截面正弯矩加载。

对于斜拉桥，由于几何非线性因素，严格来讲线性叠加原理已不适用，无法再使用传统的影响线加载进行活载分析。但在工程实际中，斜拉桥成桥后，在设计汽车荷载作用下，结构受力行为基本可认为与荷载呈线性关系，几何非线性的影响较小，理论计算和实桥荷载试验已充分说明了这一点。因此，为直观了解运营汽车荷载及人群荷载对结构的影响，本试验研究仍然采用影响线的概念，对设计汽车荷载按影响线加载进行活荷载结构分析。模型试验时荷载仍采用集中挂重的方式施加。

（1）加劲梁应力

将实测各测试截面顶、底板最大应力与施工阶段实测顶、底板最大应力，以及预应力效应叠加后，各测试截面顶、底板最大应力汇总于表 2.11。

表 2.11 加劲梁各测试截面顶、底板最大应力汇总 单位：MPa

截面	恒载＋预应力		活载效应		恒载＋预应力＋活载	
	顶板	底板	顶板	底板	顶板	底板
$G1$	−7.81	−15.12	0.68	−2.8	−7.13	−17.92

续表

截面	恒载+预应力		活载效应		恒载+预应力+活载	
	顶板	底板	顶板	底板	顶板	底板
*G*2	−8.26	−8.22	0.24	−1.25	−8.02	−9.47
*G*3	−6.43	−12.75	−0.95	1.96	−7.38	−10.79
*G*4	−8.96	−6.48	−0.8	1.9	−9.76	−4.58
*G*5	−8.30	−10.70	0.52	−2.07	−7.78	−12.77
*G*6	−8.53	−9.60	0.19	−1.33	−8.34	−10.93
*G*7	−6.04	−14.54	−0.98	2.42	−7.02	−12.12
*G*8	−6.51	−9.11	−0.79	2.65	−7.3	−6.46
*G*9	−5.10	−8.94	−1.56	3.82	−6.66	−5.12

（2）塔墩塔柱应力

工况10～工况16分别对塔墩*T*1截面及塔柱*T*3～*T*5截面最大弯矩加载，将各测试截面中跨侧及边跨侧塔（墩）壁测点最大应力与施工阶段实测应力叠加后，各测试截面中跨侧及边跨侧塔（墩）壁最大应力汇总于表2.12。

表2.12　主塔各测试截面最大应力汇总　　单位：MPa

截面	恒载效应		活载效应		恒载+活载	
	中跨侧	边跨侧	中跨侧	边跨侧	中跨侧	边跨侧
*T*1	−7.35	−7.67	−1.40	0.67	−8.75	−7.00
*T*2	−9.45	−16.83	−2.32	0.99	−11.77	−15.84
*T*3-1	−21.35	−6.62	−2.13	0.67	−23.48	−5.95
*T*3-2	−14.32	−6.99	−1.43	0.64	−15.75	−6.35
*T*4	−13.47	−14.76	−1.02	0.64	−14.49	−14.12
			0.54	−1.72	−12.93	−16.48
*T*5-1	−16.10	−9.07	−1.75	1.40	−17.85	−7.67
			1.24	−1.83	−14.86	−10.90
*T*5-2	−13.24	−9.36	−1.23	1.18	−14.47	−8.18
			1.15	−2.10	−12.09	−11.46

（3）索力

将各工况斜拉索索力增量最大值与成桥索力相叠加得到索力，见表2.13。

表 2.13　索力表　　单位：kN

索号	4 号墩				5 号墩			
	恒载	活载	恒＋活	换算实桥	恒载	活载	恒＋活	换算实桥
*C*15′	7.63	0.74	8.37	13392	8.20	0.81	9.01	14416
		−0.21	7.42	11872		−0.33	7.87	12592
*C*14′	8.05	0.73	8.78	14048	7.86	0.82	8.68	13888
		−0.18	7.87	12592		−0.32	7.54	12064
*C*13′	7.19	0.59	7.78	12448	7.20	0.65	7.85	12560
		−0.14	7.05	11280		−0.24	6.96	11136
*C*12′	6.93	0.59	7.52	12032	6.63	0.66	7.29	11664
		−0.12	6.81	10896		−0.23	6.40	10240
*C*11′	4.42	0.33	4.75	7600	4.41	0.38	4.79	7664
*C*10′	4.53	0.29	4.82	7712	4.37	0.32	4.69	7504
*C*9′	4.15	0.31	4.46	7136	3.98	0.34	4.32	6912
*C*8′	4.40	0.27	4.67	7472	4.10	0.34	4.44	7104
*C*7′	3.99	0.23	4.22	6752	3.75	0.31	4.06	6496
*C*6′	4.12	0.30	4.42	7072	4.41	0.41	4.82	7712
*C*5′	4.15	0.27	4.42	7072	3.99	0.36	4.35	6960
*C*4′	4.10	0.25	4.35	6960	3.30	0.41	3.71	5936
*C*3′	3.66	0.25	3.91	6256	2.95	0.36	3.31	5296
*C*2′	5.86	0.29	6.15	9840	6.13	0.49	6.62	10592
*C*1′	5.81	0.20	6.01	9616	4.99	0.42	5.41	8656
*C*1	5.74	0.18	5.92	9472	5.97	0.37	6.34	10144
*C*2	7.45	0.29	7.74	12384	6.77	0.45	7.22	11552
*C*3	5.91	0.31	6.22	9952	5.10	0.41	5.51	8816
*C*4	6.28	0.34	6.62	10592	5.68	0.40	6.08	9728
*C*5	5.76	0.45	6.21	9936	6.24	0.51	6.75	10800
*C*6	5.86	0.52	6.38	10208	6.54	0.52	7.06	11296
*C*7	6.18	0.58	6.76	10816	6.84	0.57	7.41	11856
*C*8	6.87	0.63	7.50	12000	7.07	0.60	7.67	12272
*C*9	6.75	0.64	7.39	11824	6.84	0.49	7.33	11728
*C*10	7.29	0.59	7.88	12608	6.62	0.53	7.15	11440
*C*11	6.99	0.58	7.57	12112	6.67	0.53	7.20	11520
*C*12	7.06	0.53	7.59	12144	7.13	0.49	7.62	12192
*C*13	7.01	0.50	7.51	12016	6.91	0.46	7.37	11792

续表

索号	4号墩				5号墩			
	恒载	活载	恒+活	换算实桥	恒载	活载	恒+活	换算实桥
C14	7.05	0.52	7.57	12112	6.84	0.42	7.26	11616
C15	5.47	0.40	5.87	9392	5.33	0.28	5.61	8976

2.4 试验结果分析

2.4.1 施工阶段试验结果分析

(1) 加劲梁应力分析

模型试验无法模拟预应力效应，为此，预应力效应采用理论计算值。

表2.5为各测试截面顶、底板最大应力情况，从施工至全桥合拢及二恒上完，成桥后，恒载效应与预应力效应叠加后9个加劲梁测试截面均全截面受压，未出现拉应力。顶板最大压应力为$G4$截面顶板测点的－8.96MPa，底板最大压应力为$G1$截面底板测点的－15.12MPa，均不超过设计规范规定的施工阶段混凝土压应力限值－26MPa，还小于设计规范组合Ⅰ混凝土压应力限值$0.5R_a^b$＝－17.5MPa（C50混凝土），结构强度满足设计规范要求。从表2.5中数据还可知道，理论计算值与实测值比较吻合，其差值最大不超过10%，产生差值的原因是混凝土收缩、徐变及模型制作误差等造成的。

表2.9给出了施工阶段工况1～工况7主梁控制截面顶、底板最大实测应力情况，结构强度也均满足设计规范要求。

(2) 塔墩塔柱应力

施工阶段工况8（成桥阶段），4号墩$T1$截面及4号塔柱塔根$T2$截面应力见表2.6。从表中可看到，成桥后，$T1$截面最大压应力为－7.67MPa，边跨侧墩壁测点平均压应力为－5.04MPa，中跨侧墩壁平均压应力为－6.45MPa，相应计算值分别为－2.69MPa、－4.78MPa。$T2$截面最大压应力为－16.83MPa，中跨侧塔壁测点平均压应力为－8.76MPa，边跨侧塔壁平均压应力为－13.76MPa，相应计算值分别为－14.00MPa、－10.10MPa。

施工阶段工况8（成桥阶段），4号墩塔柱折角截面应力见表2.7。从表中可看到，成桥后，$T3$-1截面最大压应力为－21.35MPa，中跨侧墩壁测点平均压应力为

－16.50MPa，边跨侧墩壁平均压应力为－5.19MPa，相应计算值分别为－13.90MPa、－2.39MPa。$T3$-2截面最大压应力为－14.32MPa，中跨侧墩壁测点平均压应力为－11.48MPa，边跨侧墩壁平均压应力为－5.96MPa，相应计算值分别为－11.50MPa、－4.58MPa。

上述中跨侧塔壁中部测点（2号测点）最大压应力－21.35MPa，虽满足施工阶段混凝土压应力不大于－26MPa的规定，但已大于组合Ⅰ混凝土压应力限值$0.5R_a^b=-17.5$MPa。该数值与相邻测点－14.22MPa、－13.94MPa的平均值－14.08MPa之比为1.52，该数值结果主要是由于局部应力集中引起。该点实测应力不能反映实桥应力水平。若以两侧测点平均值－14.08MPa作为实桥应力，则满足不大于17.5MPa的设计规范要求。

施工阶段工况8（成桥阶段），5号墩塔根及塔柱折角截面应力见表2.8。成桥后，塔根$T4$截面最大压应力为－14.76MPa，中跨侧塔壁测点平均压应力为－10.42MPa，边跨侧墩壁平均压应力为－13.35MPa，相应计算值分别为－8.63MPa、－15.30MPa。塔柱折角处$T3$-1截面最大压应力为－16.10MPa，中跨侧塔壁测点平均压应力为－14.33MPa，边跨侧墩壁平均压应力为－5.22MPa，相应计算值分别为－11.80MPa、－4.75MPa。$T3$-2截面最大压应力为－13.24MPa，中跨侧塔壁测点平均压应力为－11.39MPa，边跨侧塔壁平均压应力为－8.05MPa，相应计算值分别为－9.73MPa、－6.52MPa。

从以上分析可见，塔柱根部及折角截面未出现拉应力，最大压应力均不超过规范规定的施工阶段应力限值压应力－26.00MPa，结构强度满足安全要求。

施工阶段工况1～工况7，主塔控制截面压应力见表2.10，数据表明，结构强度满足安全要求。

（3）索力

图2.7、图2.8为4号墩和5号墩成桥索力柱状图。成桥状态下，除前三对短索外，模型实测索力与计算索力，以及模型成桥索力与实桥成桥索力（换算为模型）十分吻合。模型计算成桥索力与设计成桥索力平均偏差：4号墩为2%，5号墩为3%。实测成桥索力与设计成桥索力平均偏差：4号墩为3%，5号墩为5%。

索力偏差较大的主要是前3对短索。短索由于刚度大，很小的施工误差（比如张拉误差、结构的刚度偏差等）就会使索力产生较大的偏差。因此，在设计时短索的强度应比长索有更大的余量。另外，由于模型试验恒载补偿采用集中荷载进行，张拉索力按实桥设计索力换算后直接采用，由此引起了模型计算成桥索力与实桥成桥存在一定的偏差。

2.4.2 成桥阶段试验结果分析

(1) 加劲梁应力分析

从表 2.11 可知活载在主梁各控制截面产生的应力如下。

$G4$ 截面顶板实测平均压应力为－0.80MPa，底板实测平均压应力为－1.9MPa，顶、底板应力计算值分别为－1.06MPa、－2.45MPa；$G2$ 截面顶板实测平均压应力为－0.24MPa，底板实测平均压应力为－1.25MPa，顶底板应力计算值分别为－0.67MPa、－1.45MPa；$G1$ 截面顶板实测平均压应力为－0.68MPa，底板实测平均压应力为－2.80MPa，顶、底板应力计算值分别为－1.27MPa、－3.38MPa。$G3$ 截面顶板实测平均压应力为－0.95MPa，底板实测平均压应力为－1.96MPa，顶、底板应力计算值分别为－1.33MPa、－2.48MPa。$G9$ 截面顶板实测平均压应力为－1.56MPa，底板实测平均压应力为－3.82MPa，顶、底板应力计算值分别为－1.8MPa、－3.97MPa。$G7$ 截面顶板实测平均压应力为－0.98MPa，底板实测平均压应力为－2.42MPa，顶、底板应力计算值分别为－1.51MPa、－2.89MPa。$G5$ 截面顶板实测平均压应力为－0.52MPa，底板实测平均压应力为－2.07MPa，顶、底板应力计算值分别为－0.78MPa、－2.35MPa。$G6$ 截面顶板实测平均压应力为－0.19MPa，底板实测平均压应力为－1.33MPa，顶、底板应力计算值分别为－0.63MPa、－1.76MPa。$G8$ 截面顶板实测平均压应力为－0.79MPa，底板实测平均压应力为－2.65MPa，顶、底板应力计算值分别为－1.66MPa、－2.99MPa。

将实测活载各测试截面顶、底板最大应力与施工阶段实测顶、底板最大应力，以及预应力效应叠加后得到表 2.11。从表中可以看到，各测试截面顶底板施工阶段均处于全截面受压状态，且活载作用下均不消压，其中，最大压应力发生在 $G1$ 截面底板，为－17.92MPa，较设计规范限值压应力－17.50MPa 稍高，高出 2.4%。如果考虑时间因素，扣除全部预应力损失后，底板压应力中预应力效应部分将有所降低[《公路钢筋混凝土及预应力混凝土桥涵设计规范》(JTJ 023—85)[1] 第 5.2.21 条规定预应力混凝土构件扣除全部预应力损失后的法向压应力，在荷载组合Ⅰ时，不得超过 $0.5R_a^b$＝－17.50MPa]，可以认为该截面满足设计规范要求。其他截面混凝土压应力均满足设计规范要求。另一方面，若考虑长期预应力损失效应后各截面预应力引入的压应力将有所降低，但从表 2.11 中可见，各截面压应力仍保有相对数值，如压应力最小值为－4.28MPa，发生在 $G4$ 截面底板，即便预应力损失使得压应力有所降低，在活载作用下该截面底板也不至于消压。可见，加劲梁各截面满足设计规范要

[1] 由于富民桥于 2002 年 3 月建设，于 2003 年通车，故设计规范选用 JTJ 023—85。

求，预应力筋配置合理，满足使用要求。

（2）塔墩塔柱应力

将主塔墩及塔柱测试截面实测最大应力与施工阶段实测最大应力叠加后，各测试截面均处于全截面受压状态。最大压应力发生在塔墩中跨侧塔壁 $T3$-1 截面中部测点，为－23.48MPa，较设计规范限值压应力－17.50MPa 高出较多。该截面中跨侧塔壁中部测点应力较高的原因是，模型塔柱采用薄壁结构，应力集中较为严重，应力集中系数达 1.60。若采用两侧测点实测应力平均值－14.08MPa 与活载应力－2.13MPa 叠加，最大应力为－16.21MPa，该点理论计算值为－16.72 MPa，小于规范限值－17.50MPa。5 号墩折角处 $T5$-1 截面中跨侧塔壁中部测点最大压应力为－17.85MPa，也较设计规范限值稍高。实桥对应部位应力能满足设计规范要求。其他测点实测应力均小于规范限值。

（3）索力

将各工况斜拉索索力增量最大值与成桥索力相叠加得到表 2.13。从表中数据可知，实测各工况活载索力增量与计算值相当接近。将实测索力增量最大值与成桥索力相叠加后，5 号墩 $C15'$索最大索力（实桥、单根索，283 丝）为 7208kN，283 丝斜拉索容许索力为 7840kN，实测值小于容许值，索力满足设计要求。该索活载下最大应力幅达 84MPa，较容许最大应力幅 200MPa 小得多，满足设计要求。

恒载及活载作用下，4 号墩 $C4$、$C5'$斜拉索（实桥、单根索）最大索力分别为 5296kN、3536kN，均比设计容许索力稍大。$C4$ 索实测索力高出容许值 2.2%，$C5'$索实测索力高出容许值 0.5%。该两根斜拉索索力较设计容许值高出不多，可以判定斜拉索索力满足设计要求。其他斜拉索最大索力及活载应力幅均小于设计容许值，满足设计要求。

2.5 本章小结

通过富民斜拉桥全桥模型试验，进行了施工阶段模拟试验及成桥后荷载试验。实测了施工过程在恒载及施工荷载作用下结构控制截面应力；实测了成桥后在设计汽车及人群荷载作用下各控制截面应力。结合理论计算分析和结构局部有限元分析可得出结论如下。

① 至全桥合拢及桥面系完成，加劲梁各测试截面预应力效应及其与恒载效应叠加后顶底板应力均不超过设计规范规定的施工阶段混凝土压应力限值－26MPa，结

构强度满足安全要求。

② 将加劲梁测试截面实测顶、底板最大应力与施工阶段实测顶、底板最大应力，以及预应力效应叠加后，各测试截面顶、底板施工阶段均处于全截面受压状态，且活载作用下均不消压。最大压应力发生在 $G1$ 截面底板，为－17.92MPa，较设计规范限值压应力－17.50MPa 稍高，高出 2.4%。如果考虑时间因素，扣除全部预应力损失后，底板压应力中预应力效应部分将有所降低，可以认为该截面满足设计规范要求。其他截面混凝土压应力均满足设计规范要求。

③ 塔柱截面均全截面受压，结构强度满足设计规范要求；塔柱折角部位，由于折角的存在而发生明显的应力集中现象，该部位设置加劲板后，局部高应力有所降低，说明设置加劲板使结构受力更趋合理。

④ 施工过程各工况，及至成桥后，除前三对短索外，模型实测索力与计算索力，以及模型成桥索力与实桥成桥索力（换算为模型）十分吻合。模型实测索力与计算索力平均偏差不超过 3%；模型成桥索力与实桥成桥索力（换算为模型）偏差不超过 5%；成桥后实测各工况活载索力增量与计算值相当接近。将实测索力增量最大值与成桥索力相叠加后，5 号墩 $C15'$ 索最大索力（实桥、单根索，283 丝）为 7208kN，283 丝斜拉索容许索力为 7840kN，实测值小于容许值，索力满足设计要求。该索活载最大应力幅达 84MPa，较容许最大应力幅 200MPa 小得多，满足设计要求。

第3章

单索面PC折塔斜拉桥主塔力学特性的研究

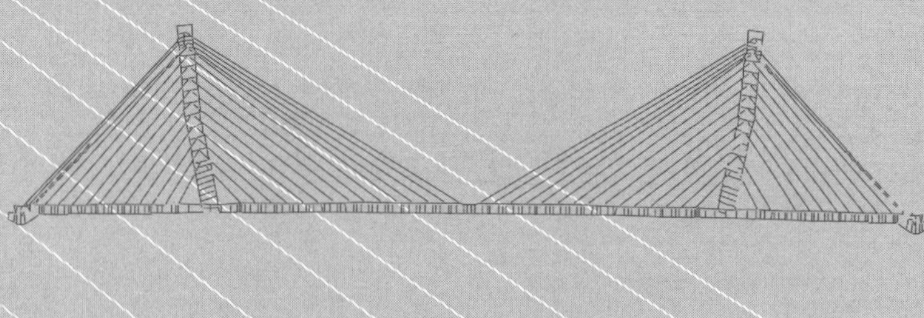

斜拉桥的主塔以传递巨大的竖向力为主，由于折线塔斜拉桥的主塔存在折角以及在恒载作用下主塔两侧的斜拉索力差异较大，因此折线塔的力学特性也将与直塔的力学特性有较大的区别，本章结合沈阳市富民桥进行了相关研究。

3.1 单索面 PC 折塔斜拉桥主塔受力特点及构造设计

3.1.1 单索面 PC 折塔斜拉桥主塔的受力特点

斜拉桥的重要结构组成部分是主梁、主塔和斜拉索，其中主梁所承受的大部分恒载和活载都是通过斜拉索传递到主塔上，并最终通过主塔传递到地基基础上，因此主塔除了承受结构自重、温度变化、不均匀沉降、风荷载、地震力、混凝土收缩、徐变等荷载外，还主要负责承受上述由斜拉索传递的巨大的索力，因此主塔结构总体上既要承受巨大的轴力又要承受一定不平衡荷载下的弯矩。

预应力混凝土折线塔斜拉桥的主塔除了具备上述常规斜拉桥主塔的受力特点外，还存在以下两个不同的受力特点：一是直塔斜拉桥的主塔自身重量对主塔自身不产生弯矩，而预应力混凝土折线形主塔的塔身自重对主塔自身产生弯矩；二是由于斜拉桥的主塔本身以传递巨大的竖向力为主，但由于主塔存在折角，在主塔轴线发生变化的折角处巨大的竖向力传递方向发生了变化，因此折角处将产生一较大水平向拉力。折线塔的受力图示见图 3.1。如果主塔采用钢结构，折角处的应力问题容易解决，但对于混凝土折线主塔来说，该处的受力将十分复杂。中跨及边跨侧塔壁轴向力在折角处将产生横向分力，导致塔壁产生面外弯曲。该效应对中跨侧塔壁影响较大，使得中跨侧塔壁截面应力梯度增大。因此如何解决混凝土折线塔折角处应力集中问题将成为预应力混凝土折线塔斜拉桥设计的关键问题之一。预应力混凝土折线塔斜拉桥以上两个不同于常规直塔斜拉桥的特点将直接导致混凝土折线塔斜拉桥除了在外形上与常规直塔斜拉桥不同以外，而且还将导致所有斜拉索的索力规律以及主塔局部构造等方面与常规直塔斜拉桥有很大的不同。

众所周知，常规直线塔斜拉桥（立面看）在恒载作用下主塔两侧的斜拉索力基本是对称的，箱形主塔断面的前后锚固面上承受的水平力基本相等、方向相反。因此主塔在恒载作用下总体受力特点主要表现为承受轴向力，而承受的弯矩则主要是活载等因素引起的，由于斜拉桥主要以承受恒载为主，因此活载等因素产生的弯矩较小。但是，由于预应力混凝土折线塔斜拉桥的斜拉索力还需要来平衡倾斜折线形主塔的重量，因此各对称位置的斜拉索力是不平衡的，即使在对称荷载作用下，斜拉索前后锚固面上承受的水平力也是不等的。

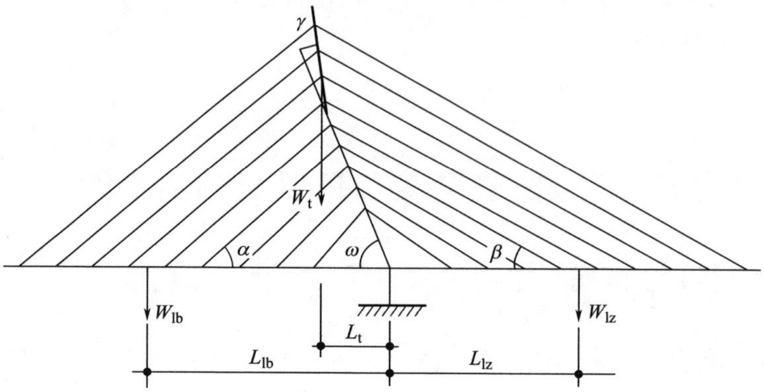

图 3.1　折线塔受力图示

W_t—桥塔的重量；L_t—桥塔重心距梁塔固结点距离；W_{lz}—主跨拉索区主梁重量；L_{lz}—主跨拉索区主梁重心距梁塔固结点距离；W_{lb}—边跨拉索区主梁重量；L_{lb}—边跨拉索区主梁重心距梁塔固结点距离；α—边跨斜拉索与主梁的夹角；β—中跨斜拉索与主梁的夹角；γ—上段塔身与下段塔身的夹角；ω—下段塔身与水平面的夹角

由于折线形混凝土主塔的特殊造型，导致预应力混凝土折线塔斜拉桥有以下几个不同于直塔斜拉桥的受力特点：一是在恒载作用下主跨与边跨斜拉索索力不相等；二是主塔折角处存在较大水平拉力。

3.1.2　主塔断面形式及斜拉索锚固区的构造设计

主塔的构造形式总是与塔的受力特点以及斜拉索在主塔上的锚固形式等方面密不可分的，本节将对混凝土折线塔断面形式及锚固区等问题进行研究。

3.1.2.1　常规直塔斜拉桥混凝土主塔断面形式及锚固区构造

混凝土直塔斜拉桥主塔的断面形式主要分为实心的和空心的两种形式，考虑景观、斜拉索锚固等原因，外形有矩形、五角形、六角形、八角形、H 形等。对应不同的主塔断面形式，斜拉索在主塔上相应有两种不同的锚固方式：在实体断面塔柱上，斜拉索一般交错锚固在塔柱上或对称交错锚固在塔柱上（图 3.2），该种锚固形式的优点是构造简单，在平衡索力作用下塔身不存在水平拉力，缺点是裸露在外侧的锚头需要特殊防护，且影响景观，将来在塔端更换斜拉索时比较麻烦，另外当斜拉索非对称交错锚固时，塔身将存在由于斜拉索交错布置引起的不平衡扭矩。在现代大跨径斜拉桥中，由于塔身较高，为了方便施工，减少材料，增加主塔刚度以及方便将来换索和增加桥梁的美观，一般都采用空心断面的主塔，斜拉索锚固在空心塔壁上。采用空心断面的主塔需承受斜拉索巨大的水平分力。

空心断面的主塔一般采用钢筋混凝土箱形结构，目前，解决钢筋混凝土箱形主塔承受斜拉索水平分力的方法主要有三种：第一种是斜拉索锚固在空心塔壁上（图3.3），沿塔壁水平布置平面预应力钢束，利用预应力钢束产生的水平压力来平衡斜拉索水平分力产生的塔壁内的拉力；第二种是采用拉索锚固钢横梁的结构形式来抵抗斜拉索的水平分力（图3.4），该构造的设计和传力机理为钢横梁自身是一个稳定的结构，它支承于塔壁的牛腿上，拉索的水平分力主要传递到钢横梁上，由钢横梁承受，少量的不平衡水平分力和全部的垂直分力直接传递到牛腿上，从而使得塔壁承受的水平分力大大减小，避免塔身混凝土产生水平裂缝；第三种是采用钢锚箱来承受斜拉索水平分力（图3.5），其构造是将每对斜拉索的钢锚箱上下焊接成整体，与混凝土塔身间采用焊钉连接，最后用环形预应力钢束将钢锚箱夹在混凝土塔柱内。

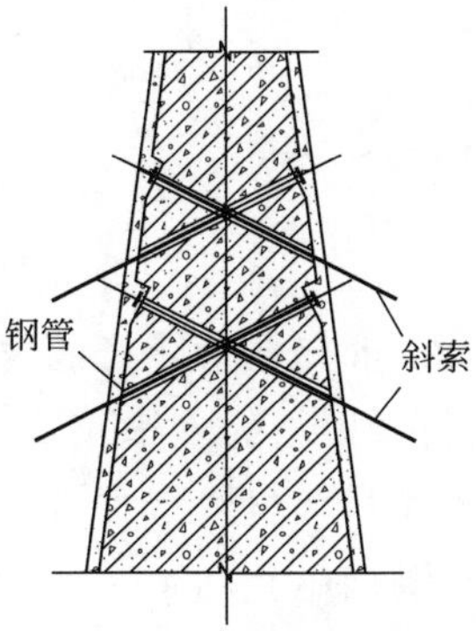

图3.2 拉索锚固在实心塔柱上

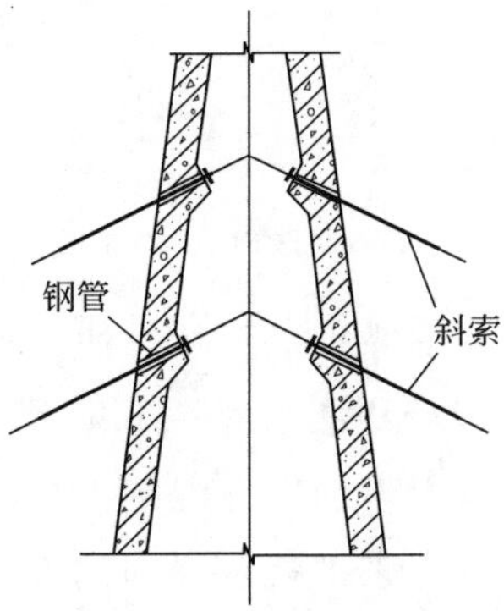

图3.3 拉索锚固在空心塔壁上

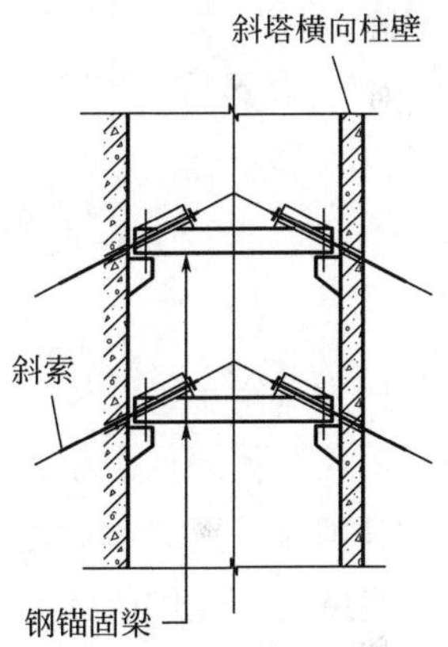

图3.4 拉索锚固在钢横梁上

3.1.2.2 单索面PC折塔斜拉桥主塔断面形式及锚固区构造

由于预应力混凝土折线塔斜拉桥倾斜的塔身自重对主塔本身将产生弯矩，因此，为了减小塔身自重弯矩，降低工程造价，并同时降低对称位置处斜拉索力的差异性，以简化斜拉索锚固区构造设计，折线塔塔身应采用空心断面。

与直塔斜拉桥一样，采用空心断面的主塔，必须解决斜拉索水平分力对塔壁混凝土产生的拉力。由于预应力混凝土折线塔斜拉桥同一主塔上任何一对斜拉索的索力差异较大，如采用拉索锚固钢横梁的方法，则钢横梁的位移要远远大于直塔斜拉桥的钢横梁位移，从而导致锚固构造复杂，结构难以处理。另外，该种方法需要的主塔尺寸较大，单根拉索更换及后期养护均困难，因此拉索锚固钢横梁的方法不适

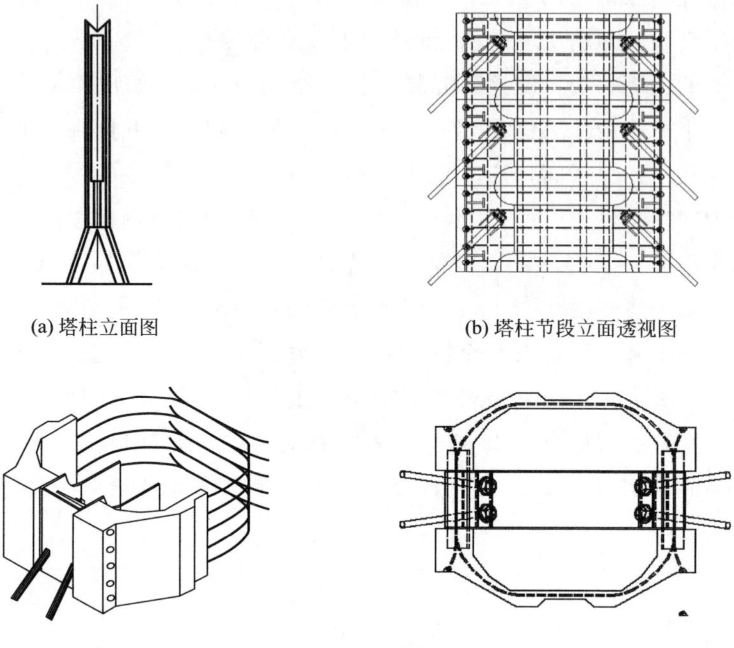

(a) 塔柱立面图　(b) 塔柱节段立面透视图

(c) 塔柱节段三维透视图　(d) 塔柱平面图

图 3.5　拉索锚固在钢锚箱上

合预应力混凝土折线塔斜拉桥。钢锚箱锚固的方法造价高，一般仅在大跨径的斜拉桥中采用，另外，由于预应力混凝土折线塔斜拉桥塔身倾斜，预制的钢锚箱安装、定位较困难，因此该方法也不适用于预应力混凝土折线塔斜拉桥。将斜拉索直接锚固在塔壁上，在塔壁内布置预应力来抵抗水平力的方法，受力明确，施工操作简单方便。

综上所述，预应力混凝土折线塔斜拉桥的主塔应采用空心断面，斜拉索应直接锚固在塔壁上，在塔壁内布置预应力来抵抗斜拉索对塔壁产生的巨大水平分力。

3.2 主塔拉索锚固区应力分析有限元基本理论

3.2.1 钢筋混凝土材料的本构关系

混凝土的本构关系可以分为线弹性、非线性弹性、弹塑性及其他力学理论如黏弹性理论、黏塑性理论等，其中研究最多的是非线性弹性和弹塑性本构关系。尽管已有不少学者提出了不同的应力-应变关系曲线，但是由于钢筋混凝土材料的性质非常复杂，迄今为止还没有一种理论得到国内外专家学者的一致认可，考虑到理论分析的经济性和实用性，目前有限元分析程序中通常采用非线性弹性理论和弹塑性理论。

根据主塔锚固区的受力特点及设计要求，目前在分析研究中采用的应力-应变曲线主要情况如下所述。

我国《混凝土结构设计规范》(GB 50010—2002)❶ 采用的应力-应变曲线即Risch 曲线，如图 3.6(a) 所示。该曲线由上升段和水平段组成，考虑了不同类型混凝土在受压时峰值应变与极限压应变的变化情况，但未能完整地考虑混凝土抗压能力的衰减。其表达式为：

$$\sigma=f_c[1-(1-\varepsilon/\varepsilon_0)^n] \quad (0\leqslant\varepsilon\leqslant\varepsilon_0) \tag{3.1a}$$

$$\sigma=f_c \quad (\varepsilon_0<\varepsilon\leqslant\varepsilon_u) \tag{3.1b}$$

式中 f_c——混凝土轴心抗压强度设计值；

n——系数，$n=2-(f_{cuk}-50)/60$，当计算的 n 值大于 2.0 时，取为 2.0；

ε_0——混凝土压应力达到 f_c 时的混凝土压应变，$\varepsilon_0=0.002+0.5(f_{cuk}-50)\times10^{-5}$，当计算的 ε_0 值小于 0.002 时，取为 0.002；

ε_u——正截面的混凝土极限压应变，$\varepsilon_u=0.0033+(f_{cuk}-50)\times10^{-5}$，当处于非均匀受压且按公式计算的值大于 0.0033 时，取为 0.0033；当处于轴心受压时取为 ε_0；

f_{cuk}——混凝土轴心抗压强度标准值。

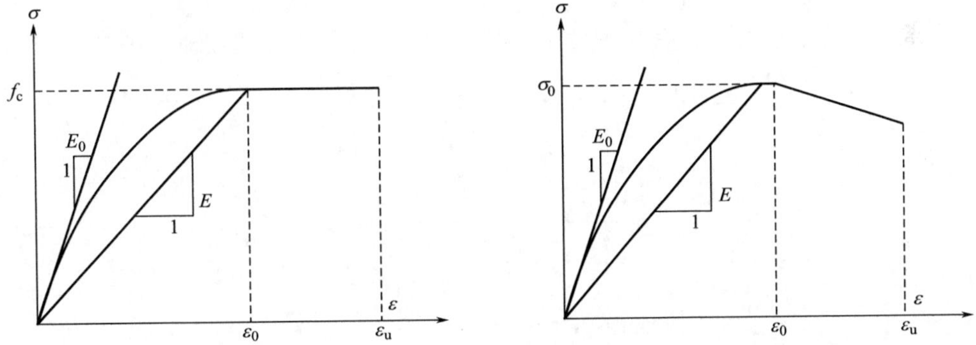

(a) Risch曲线 (b) Hongnestad曲线

图 3.6 混凝土应力一应变曲线

❶ 由于富民桥于 2002 年 3 月建设，故适用 GB 50010—2002 规范。

Hongnestad 曲线如图 3.6(b) 所示，其由抛物线的上升段和斜直线组成，表达式为：

$$\sigma=\begin{cases}\sigma_0\left[2\left(\dfrac{\varepsilon}{\varepsilon_0}\right)-\left(\dfrac{\varepsilon}{\varepsilon_0}\right)^2\right] & (0\leqslant\varepsilon\leqslant\varepsilon_0)\\ \sigma_0\left[1-0.15\left(\dfrac{\varepsilon-\varepsilon_0}{\varepsilon_u-\varepsilon_0}\right)\right] & (\varepsilon_0\leqslant\varepsilon\leqslant\varepsilon_u)\end{cases} \tag{3.2}$$

式中　σ_0——受压初始应力，建议取 $\sigma_0=0.85f_c'$；

ε_0——混凝土受压初始应变，$\varepsilon_0=2\sigma_0/E_0$；

ε_u——混凝土极限应变，$\varepsilon_u=0.0038$。

Hongnestad 曲线抓住了混凝土的主要特征，在设计和分析中得到了广泛的应用，但是在峰值点处导数不连续，给数值求解带来了一定的困难。

Saenz 等人的表达式克服了分段表达的缺点，直接采用一根曲线描述混凝土的受压性能，其表达式为：

$$\sigma=\frac{E_0\varepsilon}{1+\left(R+\dfrac{E_0}{E}-2\right)\left(\dfrac{\varepsilon}{\varepsilon_0}\right)-(2R-1)\left(\dfrac{\varepsilon}{\varepsilon_0}\right)^2+R\left(\dfrac{\varepsilon}{\varepsilon_0}\right)^3} \tag{3.3}$$

式中，

$$R=\frac{\dfrac{E_0}{E}\left(\dfrac{\varepsilon}{\varepsilon_0}-1\right)}{\left(\dfrac{\varepsilon}{\varepsilon_0}-1\right)^2}-\frac{\varepsilon_0}{\varepsilon} \tag{3.4}$$

式(3.3) 形式统一，适用于非线性分析，但未完全体现出混凝土受压时应力—应变曲线应具有的全部几何特点。

过镇海等人建议的表达式考虑的因素较全面，但应用时较为烦琐。其表达式为：

$$\frac{\sigma}{\sigma_0}=\frac{E_0}{E}\frac{\varepsilon}{\varepsilon_0}+\left(3-\frac{E_0}{E}\right)\left(\frac{\varepsilon}{\varepsilon_0}\right)^2+\left(\frac{E_0}{E}-2\right)\left(\frac{\varepsilon}{\varepsilon_0}\right)^3\quad(0\leqslant\varepsilon\leqslant\varepsilon_0) \tag{3.5}$$

$$\frac{\sigma}{\sigma_0}=\frac{\dfrac{\varepsilon}{\varepsilon_0}}{\alpha\left(\dfrac{\varepsilon}{\varepsilon_0}-1\right)^2+\left(\dfrac{\varepsilon}{\varepsilon_0}\right)}\quad(\varepsilon_0\leqslant\varepsilon) \tag{3.6}$$

式中　α——下降段曲线的形状控制参数。

通过上面的分析比较，可知本构关系的实用性和精确性通常情况下是一对矛盾体，需根据分析对象的受力特点及不同设计阶段要求选取。

3.2.2 混凝土的破坏模型

主塔斜拉索锚固区构造复杂（各种普通钢筋与预应力钢筋交错布置，混凝土有孔洞削弱等)，且要承受斜拉索强大的集中力作用，又是由混凝土、钢板、普通钢筋预应力钢筋等几种物理力学参数（强度、弹性模量、泊松比等）相差甚大的材料共同工作，因而这样一个构造复杂的空间结构应力问题颇难研究，因此建立合理的混凝土破坏准则对了解该处的受力状态是十分重要的。

混凝土最基本的破坏形态是单轴受拉和单轴受压引起的，根据力学理论和被移植混凝土结构分析的近期新发展的力学分支理论，国内外目前已经有几十种混凝土破坏准则在实践中得到了应用[78,79]。破坏准则通常由应力空间中1～5个独立控制的材料常数确定，根据包含参数的个数，破坏准则可分为单参数破坏模型（Tresca模型、Rankine模型和Von Mises模型)、双参数破坏模型（Drucker-Prager模型和Mohr-coulomb模型)、三参数破坏模型（Bresler-Pister模型、Argyris模型和Willam-Warnke模型)、四参数破坏模型（Hsieh-Ting-Chen模型和Ottosen模型）以及五参数破坏模型（Willam-Warnke模型）等。

斜拉桥主塔锚固区混凝土的破坏情况十分复杂，多参数破坏准则能较好地描述该处混凝土的破坏特征，因此在分析中采用Willam-Warnke五参数破坏模型。

Willam-Warnke五参数破坏准则可以用下式表示：

$$\frac{F}{f_c}-S\geqslant 0 \tag{3.7}$$

式中 F——主应力状态（δ_{XP}、δ_{YP}、δ_{ZP}）函数；

S——破坏曲面（用5个输入参数f_t、f_c、f_{cb}、f_1、f_2表示)；

f_c——混凝土单轴抗压强度。

五个材料参数分别为单轴抗拉强度f_t、双轴抗压强度f_{cb}、单轴抗压强度f_c以及静水压力作用下单轴抗压强度f_1和双轴抗压强度f_2。现采用适合静水压力较小情况下的参数设置，索塔锚固区节段混凝土参数设置如下：$f_{cb}=1.2f_c$，$f_1=1.45f_c$，$f_2=1.725f_c$。

3.2.3 钢筋混凝土结构有限元模型的选择

钢筋混凝土结构有限元分析的单元模型主要有分离式模型和整体式模型两种。分离式模型就是分别采用不同的单元模型来模拟钢筋和混凝土，钢筋与混凝土之间添加黏结单元，用来模拟钢筋与混凝土之间的黏结与滑移特性。整体式模型无法像分离式模型那样揭示钢筋与混凝土之间相互作用的微观机理。在整体式单元模型中，钢筋弥散于整个单元当中，并将单元视为连续均匀材料，单元刚度矩阵综合了钢筋和混凝土单元的刚度矩阵，把单元弹性矩阵改为由钢筋和混凝土两部分组成，因此，整体式模型根本无法揭示钢筋与混凝土之间相互作用的微观机理。

对主塔锚固区分析中一般采用分离式单元模型，单元应力应变关系的总刚度矩阵表达式为：

$$[D]=\left\{1-\sum_{i=1}^{N_r}V_i^{\mathrm{R}}\right\}[D^{\mathrm{c}}]+\sum_{i=1}^{N_r}V_i^{\mathrm{R}}[D^{\mathrm{r}}]_i \tag{3.8}$$

式中 N_r——加固材料的数目；

V_i^{R}——加固物的体积率，也可表示钢筋的配筋率；

$[D^{\mathrm{c}}]$——混凝土的刚度矩阵，通过在各向同性材料中插入各向异性的应力应变关系得到，具体表示为：

$$[D^{\mathrm{c}}]=\frac{E}{(1+v)(1-2v)}\begin{bmatrix}(1-v) & v & v & 0 & 0 & 0\\ v & (1-v) & v & 0 & 0 & 0\\ v & v & (1-v) & 0 & 0 & 0\\ 0 & 0 & 0 & \dfrac{(1-2v)}{2} & 0 & 0\\ 0 & 0 & 0 & 0 & \dfrac{(1-2v)}{2} & 0\\ 0 & 0 & 0 & 0 & 0 & \dfrac{(1-2v)}{2}\end{bmatrix} \tag{3.9}$$

$[D^{\mathrm{r}}]_i$ 代表第 i 个加固物（钢筋）的刚度矩阵。钢筋的应力应变关系在单元局部坐标系下可以表示为：

$$\begin{Bmatrix}\sigma_{xx}^{\mathrm{r}}\\ \sigma_{yy}^{\mathrm{r}}\\ \sigma_{zz}^{\mathrm{r}}\\ \sigma_{xy}^{\mathrm{r}}\\ \sigma_{yz}^{\mathrm{r}}\\ \sigma_{xz}^{\mathrm{r}}\end{Bmatrix}=\begin{bmatrix}E_i^{\mathrm{r}} & 0 & 0 & 0 & 0 & 0\\ 0 & 0 & 0 & 0 & 0 & 0\\ 0 & 0 & 0 & 0 & 0 & 0\\ 0 & 0 & 0 & 0 & 0 & 0\\ 0 & 0 & 0 & 0 & 0 & 0\\ 0 & 0 & 0 & 0 & 0 & 0\end{bmatrix}\begin{Bmatrix}\varepsilon_{xx}^{\mathrm{r}}\\ \varepsilon_{yy}^{\mathrm{r}}\\ \varepsilon_{zz}^{\mathrm{r}}\\ \varepsilon_{xy}^{\mathrm{r}}\\ \varepsilon_{yz}^{\mathrm{r}}\\ \varepsilon_{xz}^{\mathrm{r}}\end{Bmatrix}=[D^{\mathrm{r}}]_i\begin{Bmatrix}\varepsilon_{xx}^{\mathrm{r}}\\ \varepsilon_{yy}^{\mathrm{r}}\\ \varepsilon_{zz}^{\mathrm{r}}\\ \varepsilon_{xy}^{\mathrm{r}}\\ \varepsilon_{yz}^{\mathrm{r}}\\ \varepsilon_{xz}^{\mathrm{r}}\end{Bmatrix} \tag{3.10}$$

由此可见，在 x_i^{r} 轴上的应力分量是非零的。在图 3.7 中给出了加固方向与单元坐标之间的关系。其中，θ_i 表示加固方向 x_i^{r} 轴在 X-Y 平面上的投影与 X 轴之间的夹角，ϕ_i 代表着 x_i^{r} 轴与 X-Y 平面的夹角。

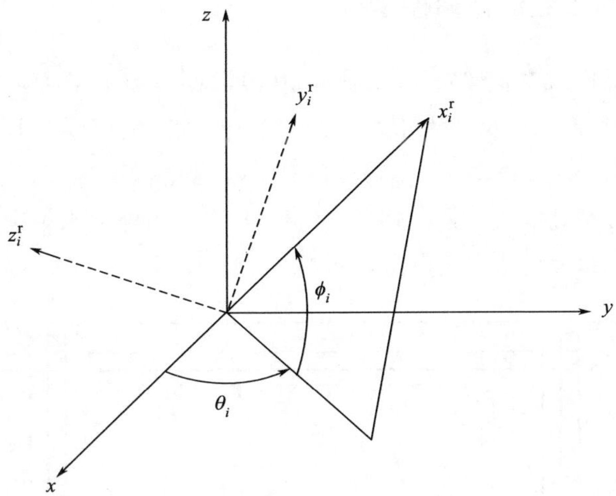

图 3.7 单元坐标系下的加固方向

3.3 单索面 PC 折塔斜拉桥主塔锚固区有限元分析及结果比较分析

直塔斜拉桥主塔两侧对称位置斜拉索的恒载索力基本上是相等的，因此，在恒载作用下主塔截面所承受的荷载基本上是对称的，该种受力形式的主塔空间分析及模型试验已有一些工程事例。但由于预应力混凝土折线塔斜拉桥主塔同一位置处的一对拉索索力大小差异较大，混凝土折线塔在差异较大索力作用下的锚固区受力情况，目前既没有理论分析，也没有模型试验，总之还未见论述。另外，目前通常采用基于线弹性理论的有限元方法对斜拉桥主塔拉索锚固区进行分析，而实际的拉索锚固区节段混凝土在荷载作用下，应力-应变关系一般呈非线性，甚至出现裂缝，并随荷载的增加而不断发展。由于斜拉桥索塔锚固区节段受力状态复杂，单纯的理论分析将很难全面反映该区域的实际应力分布和真实工作状态，因此应进行索塔锚固区节段足尺模型试验，通过对比试验结果与理论分析结果，验证主塔结构数值分析的准确性，以检验设计的安全度，并为今后完善主塔锚固区的本构模型提供可参考的经验。

综上所述，本书以沈阳市富民斜拉桥为工程背景，对混凝土折线形主塔锚固区进行理论上的空间分析和模型试验，从而得出折线塔拉索锚固区的受力特点及理论分析方法。

3.3.1 锚固区节段数值计算模型

沈阳市富民桥折线塔高 65.5m，采用 50 号混凝土空心截面，根部断面尺寸为 8.148m×3.5m，顶部断面尺寸为 6.994m×3.5m，前、后壁厚 1.4m，侧壁厚 0.7m。索塔上索距分为 1.4m、3m、4m、4.5m 四种。在塔壁截面内布置平面预应力钢束，纵横向均采用 $\phi32$ 精轧螺纹钢筋，用预应力钢束产生的外力来平衡斜拉索水平分力产生于塔壁内的内力。具体预应力布置如图 3.8 所示。

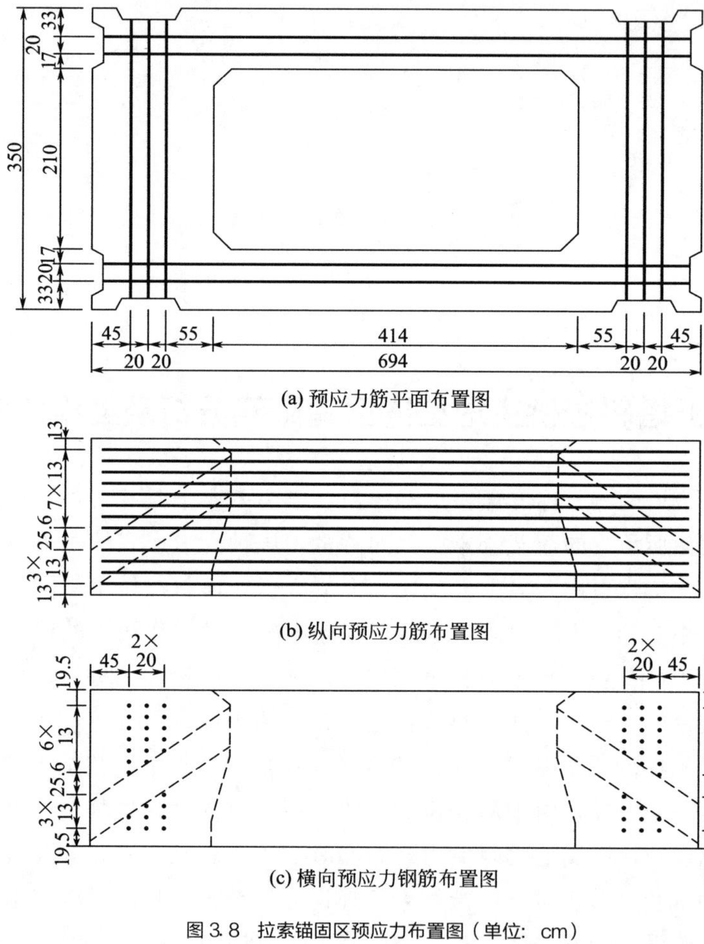

图 3.8 拉索锚固区预应力布置图（单位：cm）

计算模型取 $C11'\sim C15'$和 $C11\sim C15$ 的 5 个锚固区节段。按设计图纸模拟齿板及拉索孔洞。混凝土离散为 59569 个实体单元。在所取节段底面节点施加固定约束，约束底面节点位移和转角六个自由度，如图 3.9 所示。

计算荷载包括结构自重、斜拉索索力、塔内预应力。斜拉索索力均取设计荷载

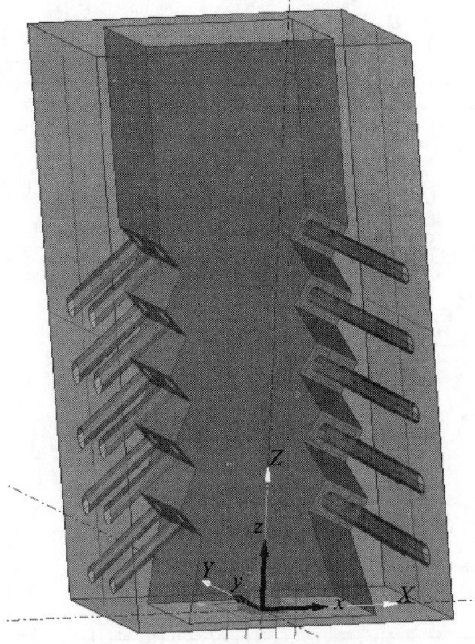

(a) 划分单元前

(b) 划分单元后

图 3.9 实体模型

组合下的最大索力，分析中使用分离式单元模型，采用降温法施加预应力，预应力损失根据实测数据按 20%计入。

在张拉预应力筋时实测混凝土弹性模量为 3.66×10^4 MPa，混凝土泊松比采用 0.167，预应力筋的弹性模量采用试验室提供的数据 2.03×10^5 MPa，泊松比采用 0.3。

3.3.2 节段模型试验

3.3.2.1 试验模型高度选取

根据设计资料，索塔上索力最大的索为 $C14'$索，所以取这一节段进行试验。首先需确定实桥的受力状况，需对实桥建立计算模型进行计算。实桥的计算模型取 $C11'$、$C12'$、$C13'$、$C14'$、$C15'$五个索塔锚固区节段。这种取法考虑了上下几个节段的索力对 $C14'$索节段的影响，足以准确反映 $C14'$索节段的真实受力的情况，在这里把这一计算模型称之为实桥计算模型。

根据以往索塔锚固区模型试验的经验，并且对计算结果进行详细分析，得出有两个位置是最早出现裂缝的位置，即是箱室内倒角的部位、索塔外壁索孔上方的位置，如图 3.10 所示的 1—1、2—2 截面。

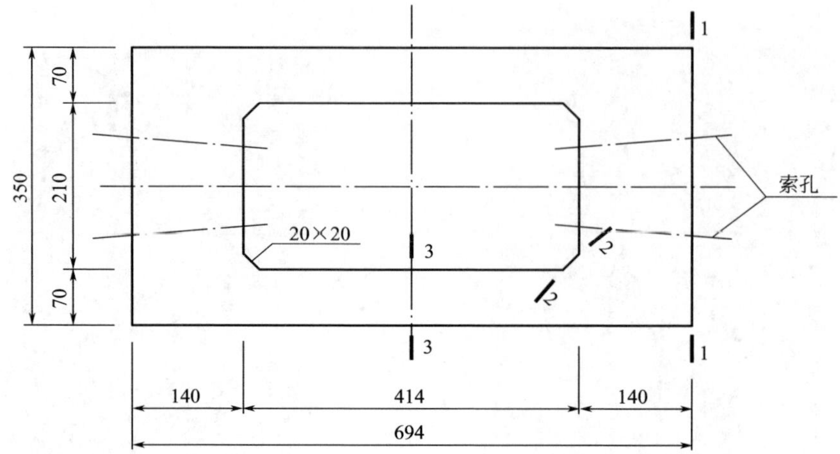

图 3.10　较早出现裂缝的截面（单位：cm）

为确定模型的高度就需对不同的模型高度进行计算，找出抗裂能力与实桥一致的模型。现采用 1.8m、1.9m、2.0m 三种高度的模型计算进行比较。

根据以往经验，对 1—1 截面索孔出口处的主拉应力做比较，它能够反映模型的抗裂能力是否与实桥一致，比较结果如表 3.1 所示（以下本章所有的应力均以受拉为正，受压为负。）

由表 3.1 可知，1.8m 的模型的主拉应力与实桥模型相近，可以反映实桥受力情况。因此试验模型高度取 1.8m。

表 3.1　模型应力比较

比较内容	实桥模型 /MPa	1.8m 高的模型		1.9m 高的模型		2m 高的模型	
		应力 /MPa	与实桥相比	应力 /MPa	与实桥相比	应力 /MPa	与实桥相比
竖向应力最大值	2.70	1.72	0.64	2.17	0.80	2.29	0.85
水平应力最大值	2.11	2.70	1.28	1.82	0.86	1.53	0.73
主拉应力最大值	3.65	3.58	0.98	3.34	0.92	3.02	0.83

3.3.2.2　节段模型制作

试验模型严格按照设计图纸进行制作。其内容主要包括钢筋、混凝土、预应力管道等。模型截取 $C14'$节段，范围如图 3.11 所示，按 1∶1 的比例进行制作。模型实际高度为 1.816m，平面尺寸为 6.94m×3.5m。为了使索塔节段模型底面在试验时

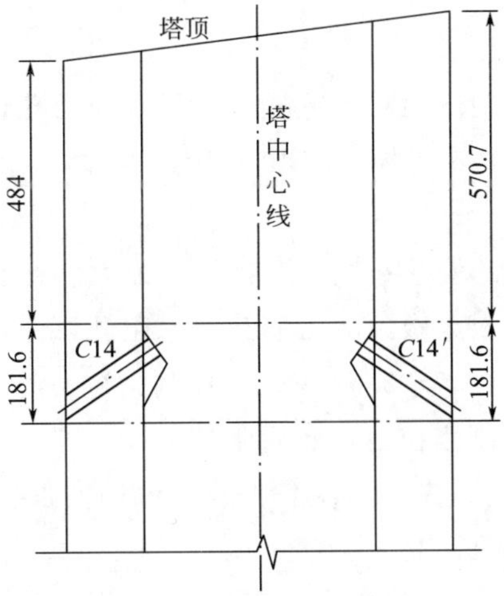

图 3.11　模型截取范围（单位：cm）

减少与地面摩擦，减少因此产生的约束作用，用 2mm 钢板制作成底模板，在此之上铺设白铁皮。钢板与白铁皮之间涂刷机油，减小锚固段底面与台座之间的摩擦。

模型混凝土等级为 C50，为确保试验节段混凝土标号达到设计要求，在浇筑索塔锚固区混凝土时，按照规范要求制作混凝土强度及弹模试件，并使试件养护条件与索塔模型养护条件相同，使试件强度和弹性模量真实反映该模型实际。

斜拉索导管按实桥方式布置，但为加载方便，对锚固齿块的形状做了调整，将锚垫板与塔内壁平行放置。锚块构造见图 3.12。

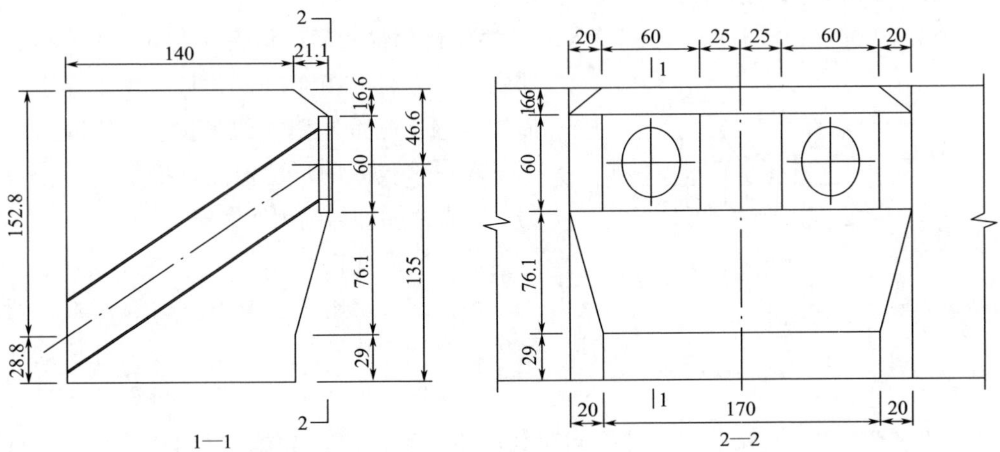

图 3.12　锚固齿块构造（单位：cm）

3.3.2.3 模型试验

对主塔锚固区进行模型试验时，首先应进行预应力孔道摩阻以及预应力钢筋锚固回缩损失等测试，最后才进行模型的顶推试验，具体试验过程如下。

（1）孔道摩阻测试

为了解该预应力管道的偏差系数，需对预应力束进行孔道摩阻试验。选取纵桥向和横桥向预应力筋各 2 根，做预应力筋孔道摩阻测试。在预应力筋两端装压力传感器，按 0.1、0.3、0.5、0.7、0.9、1.0 倍控制张拉力的荷载级别分级张拉。首先两端同时张拉至 0.1 倍控制张拉力，然后张拉一端，固定另一端，两端压力之差即为预应力筋孔道摩阻损失。每根预应力钢筋测量两遍。张拉力采用压力传感器测量。孔道摩阻测试方法示意见图 3.13。

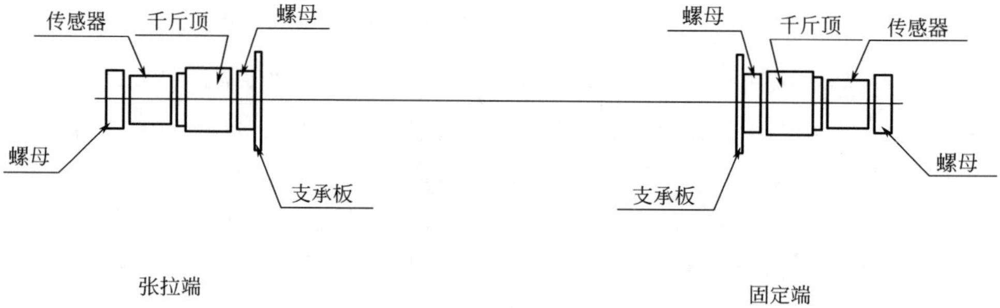

图 3.13　孔道摩阻测试方法示意

（2）预应力钢筋锚固回缩损失的测试

对纵桥向和横桥向预应力钢筋各取两根做钢筋锚固回缩损失的测试。压力传感器的安装方式见图 3.14。张拉时用千斤顶后面的传感器测量锚固前的张拉力，锚固后用螺母和支承板间的传感器测量锚固后的张拉力，二者之差即为锚固回缩损失。

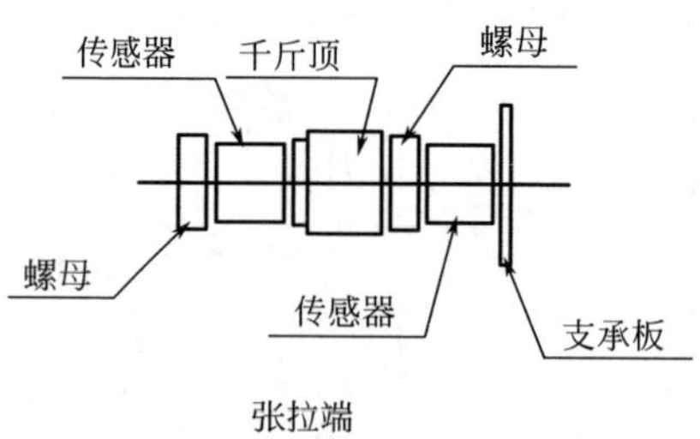

图 3.14　钢筋锚固回缩损失测试方法

（3）顶推试验

顶推试验采用 4 台 500t 千斤顶加载，通过传力架对索塔锚固区的试验段进行顶推加载，加载方式见图 3.15。取实桥设计的最大索力的水平分量，为试验的设计控制荷载，即 $P=1097\text{t}$。先施加 $0.4P$ 的荷载进行预压，持荷 30min，然后逐级施加荷载，每级荷载持荷 5～10min。在逐级加载的过程中，测量应力测点的应力变化、变形测点的位移变化及观察裂缝。

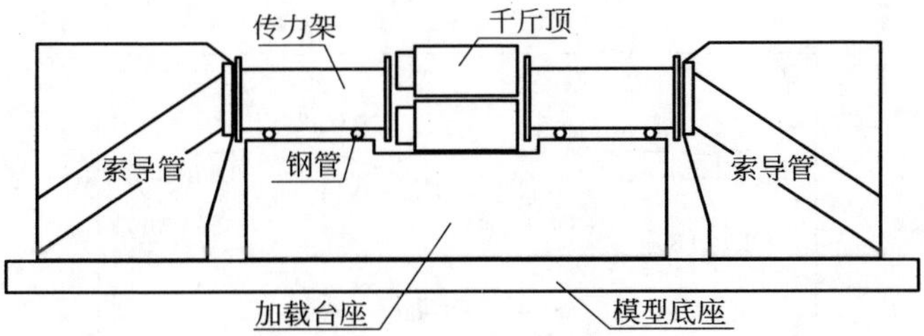

图 3.15　模型加载方式示意图

3.3.3　拉索锚固区有限元计算及模型试验结果分析

各应力观测点布置见图 3.16，同时为了便于比较，在模型试验结果中同时将理论分析值列出（括号外数值为模型试验测试值，括号内数值为理论计算值），见图 3.17～图 3.20。

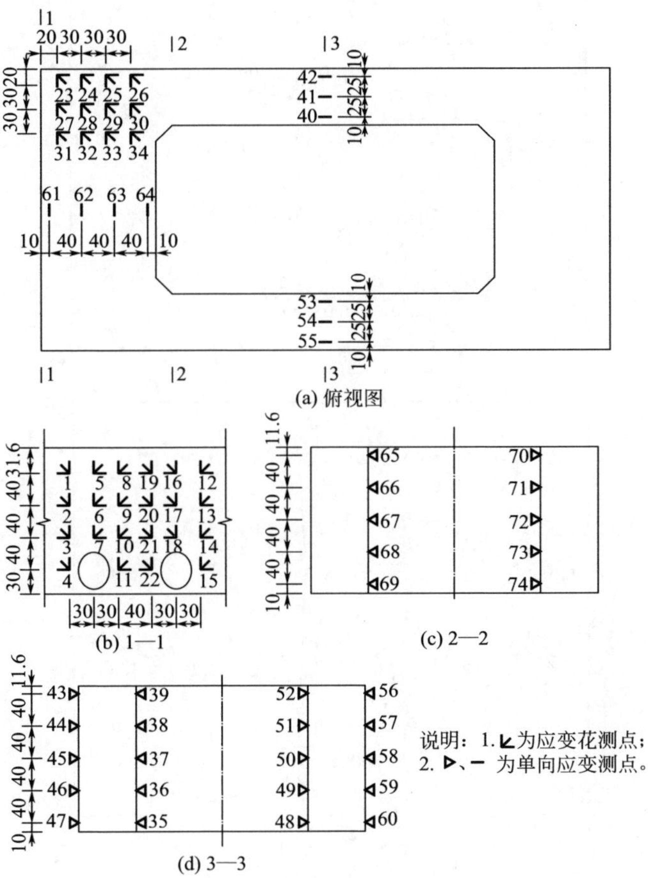

图 3.16　应力观测点布置图（单位：cm）

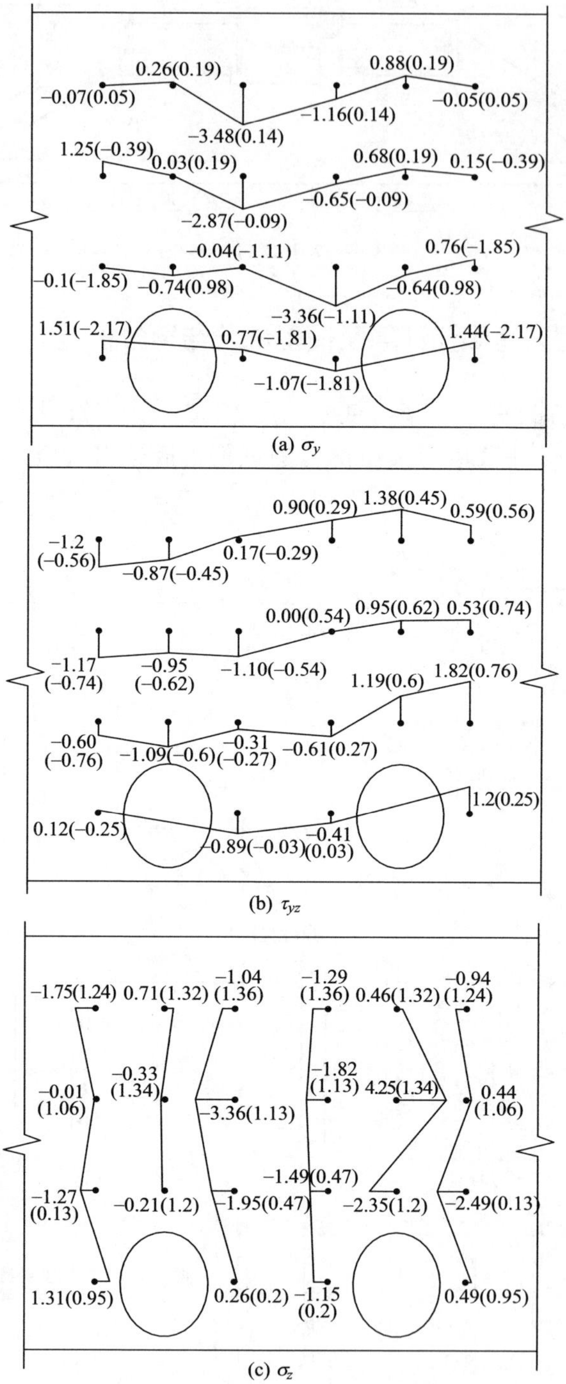

图 3.17 1—1 截面应力值（单位：MPa）

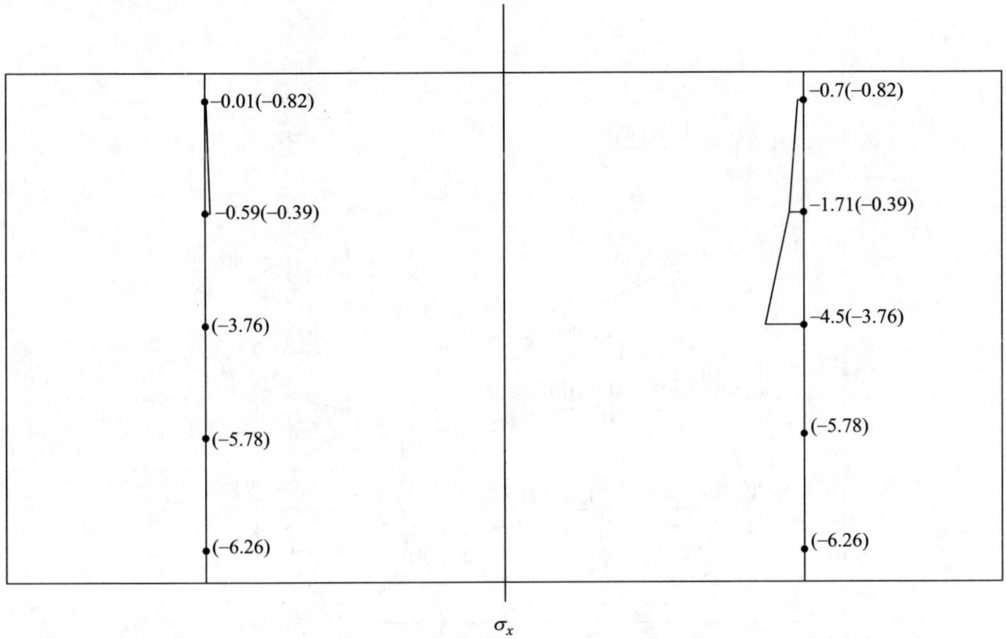

图 3.18　2—2 截面应力值（单位：MPa）

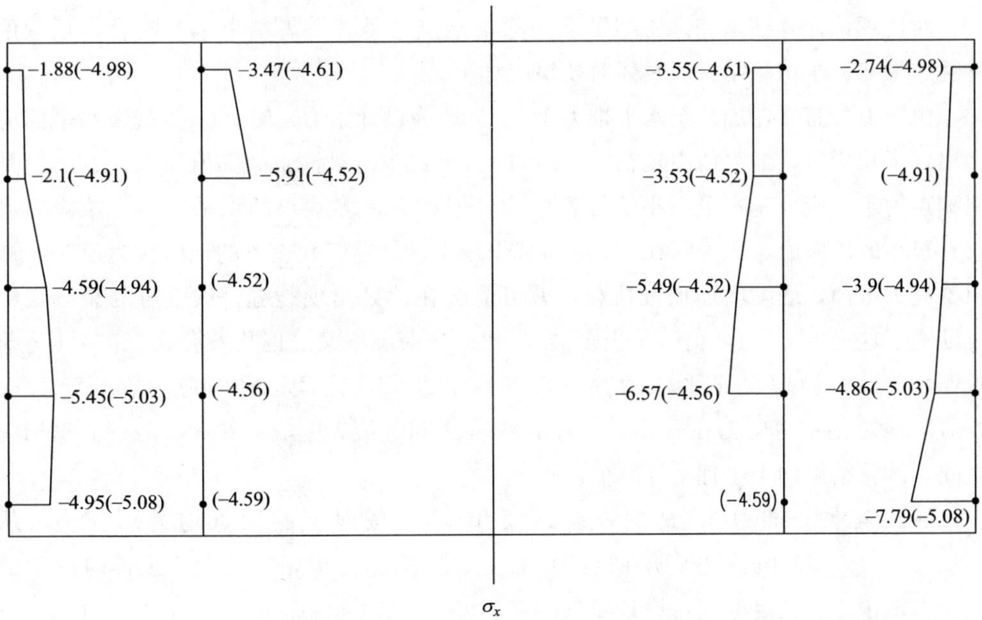

图 3.19　3—3 截面应力值（单位：MPa）

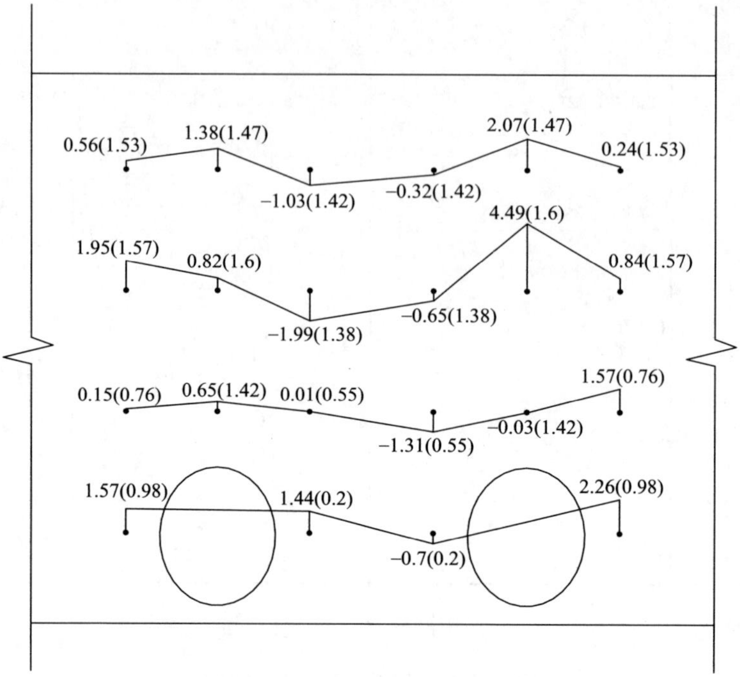

图 3.20 1—1 截面主拉应力值（单位：MPa）

对比理论计算结果和试验结果可知除个别点之外，二者结果基本吻合，且理论计算结果略大于试验结果，具体对比情况如下。

由应力分布看，加载至水平推力 1.0*P*（*P* 为设计索力）时，1—1 截面水平向应力出现了拉应力，最大值出现在拉索出口上方约 50cm 处测点，其值为 4.25MPa，其他测点的水平应力基本上都小于计算应力，但亦有许多测点的水平应力为拉应力或仅有很小的压应力，这说明在 1.0*P* 荷载作用下，外壁索孔上方的预压应力已基本被顶推应力抵消，继续增加顶推荷载，就可能会在此处出现裂缝，试验时的裂缝观测也证实了这一点，1.1*P* 荷载下出现裂缝，1.2*P* 荷载下又出现几条裂缝。在 1.0*P* 荷载作用下，实测模型水平应力在 −3.36～4.25MPa 之间；竖向应力在 −3.48～1.51MPa 之间；剪应力在 −1.09～1.82MPa 之间；最大主应力在 −0.82～1.87MPa 之间，试验结果均小于理论计算值。

加载至水平推力 1.0*P* 时，在顶面和 3—3 截面上的测点均为压应力，从 −1.49～−9.15MPa，这说明在这些位置上，所施加的预压应力大于顶推时产生的拉应力，预应力已足够满足设计要求。

在倒角处的 2—2 截面上，虽然亦为压应力，其值从 −0.01～−4.50MPa，但是在 1.0*P* 顶推荷载的作用下，倒角处已经开裂，这是因为所布测点不在开裂的位置，同时也说明在倒角处的应力集中较为严重。

主塔锚固区变形测点布置见图 3.21。在加载至 1.0P 时，$U1$、$U3$ 两测点的平均位移为 0.54mm，$U2$、$U4$ 两测点的平均位移为 0.53mm，二者的计算值分别为 0.652mm、0.613mm，校正系数分别为 0.828、0.865。实测值与计算值存在一定的差异，分析其原因，一方面实际模型底面与支承面存在相互摩擦，约束实际模型的部分变形；另一方面，实际模型中有钢筋、索导管、锚垫板等钢结构的作用，也增加了模型的整体刚度，从而使实测变形值小于理论计算值。

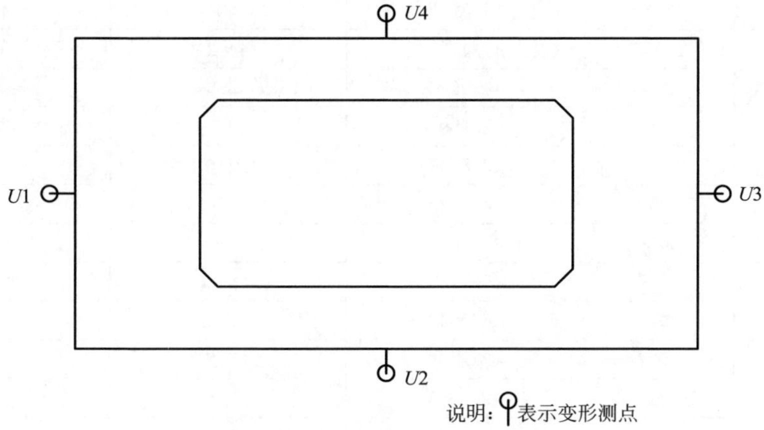

图 3.21 主塔锚固区变形测点布置示意图

总之，根据实测计算参数对拉索锚固区进行理论分析和模型试验，结果表明：折线塔斜拉桥主塔锚固区理论分析与模型试验结果基本吻合，即箱室内倒角的部位、索塔外壁索孔上方的位置是最早出现裂缝的位置，这与在对称索力作用下的直塔斜拉桥的锚固区受力特点相同，这一结论说明折线塔斜拉桥的折线塔拉索锚固区可以采用与直塔斜拉桥相同的主塔拉索锚固区构造，且由于空间分析结果与试验结果吻合良好，说明折线塔拉索锚固区可采用与直塔斜拉桥主塔拉索锚固区同样的平面简化分析方法。

3.4 单索面 PC 折塔斜拉桥主塔整体空间有限元分析

3.4.1 空间有限元计算模型的建立

4[#] 桥墩处主塔、主梁、桥墩三者固结，5[#] 桥墩处主塔与主梁固结、桥墩与主梁分离，现取4#墩处主塔进行分析。计算固结点取塔根部实心段顶面，塔高65.5m，根部断面尺寸为8.148m×3.5m，顶部断面尺寸为6.994m×3.5m，中空断面，前、后壁厚1.4m，侧壁厚0.7m。主塔采用C50混凝土，塔壁预应力布置见图3.8，索力见表3.2，拉索编号见图3.22。

表3.2　索力表

拉索编号	索力/kN	与水平线的夹角/(°)	单索水平分力/kN	单索垂直分力/kN
$C15'$	12680	41.5384	4746	−4204
$C14'$	12370	41.5212	4631	−4100
$C13'$	11990	41.4701	4492	−3970
$C12'$	12220	41.4545	4579	−4045
$C11'$	8315	42.6592	3057	−2817
$C10'$	8916	43.8357	3216	−3088
$C9'$	8953	44.6225	3186	−3144
$C8'$	8629	45.2305	3039	−3063
$C7'$	7527	45.9786	2615	−2706
$C6'$	8977	46.9549	3064	−3280
$C5'$	7737	48.2059	2578	−2884
$C4'$	7217	49.2693	2355	−2734
$C3'$	8192	50.7722	2590	−3173
$C2'$	8691	53.0504	2612	−3473
$C1'$	8808	56.8847	−2406	−3689
$C1$	11990	40.2245	−4577	−3871
$C2$	11820	36.6232	−4743	−3526
$C3$	10800	34.5921	−4445	−3066
$C4$	11400	33.2977	−4764	−3129
$C5$	10660	32.4136	−4500	−2857
$C6$	10860	32.0303	−4603	−2880
$C7$	9969	31.7355	−4239	−2622
$C8$	10340	31.5325	−4407	−2704
$C9$	11230	31.3708	−4794	−2923
$C10$	11910	31.0228	−5103	−3069
$C11$	12390	30.3411	−5346	−3129
$C12$	10850	29.1558	−4738	−2643
$C13$	12300	28.1078	−5425	−2897
$C14$	12510	27.1758	−5565	−2857
$C15$	10180	26.3054	−4563	−2256

根据上述工程实际情况，将主塔离散为三维实体单元集合模型，模型全部采用8节点六面体单元，每个节点都具有3个方向的线性位移自由度。简化过后的主塔模型包括49963个节点、36124个单元。主塔根部混凝土水平向、竖向及转角位移均约束。主塔结构计算模型如图3.23所示。

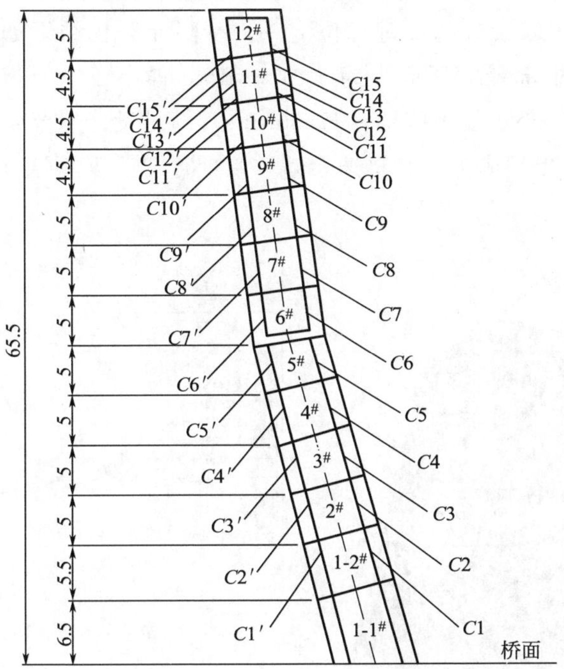

图3.22 拉索编号示意图

图3.23 主塔结构计算模型图

计算中做了以下假定。

① 视塔身结构为匀质弹性体，以弹性模量3.45×10^4MPa和泊松比0.2来表示结构的材料特性。

② 主要荷载为拉索拉力及水平方向预应力钢筋压力，按外荷载方式分阶段加入。

预应力的处理是三维实体分析的难点，其模拟的准确与否是此类结构分析成功的关键。在有限元计算里加预应力一般有3种方式：

① 直接在单元中加；

② 直接加载到关键点；

③ 用温度变化模拟。

由于该模型分析关注的是主塔整体的受力特点，因此为了简化分析，本模型预应力采用直接加载到关键点上，关键点位置和设计图纸的实际预应力位置一致，预应力的大小考虑预应力损失，张拉控制应力取$0.8f_{pk}$（f_{pk}为预应力钢筋抗拉强度标准值）。

3.4.2 主塔整体空间有限元计算结果分析

3.4.2.1 主塔根部应力计算结果分析

主塔根部是控制折线塔斜拉桥主塔设计的关键部位之一，有限元分析结果如图 3.24 所示。分析结果显示，主塔根部最大压应力为－21.5MPa，最小压应力为－10.1MPa，平均应力为－15.8MPa，小于规范限值－17.50MPa，满足设计规范要求（最大压应力发生在主塔边跨侧塔壁角隅处，且迅速衰减，该处存在严重的应力集中现象，可忽略不考虑。）

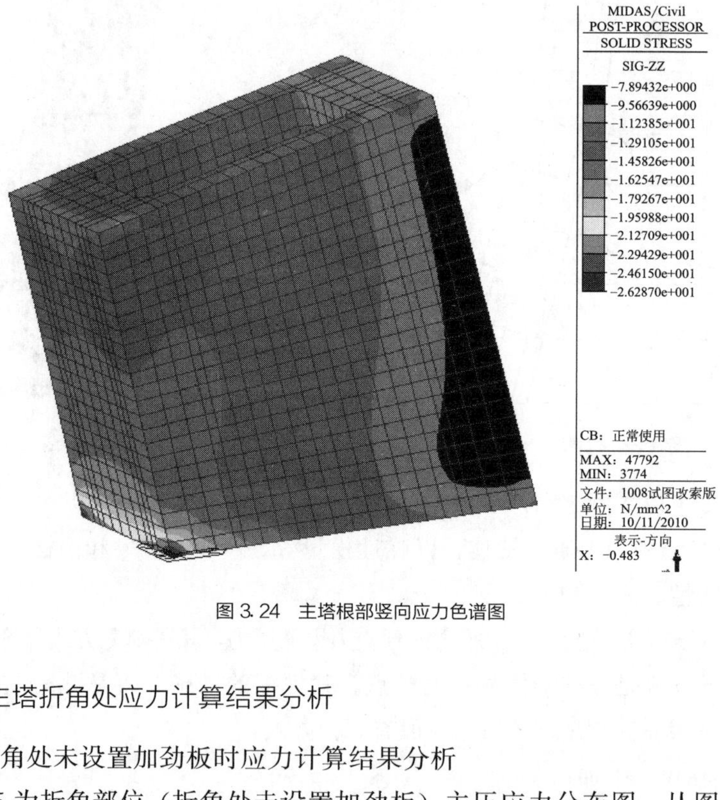

图 3.24 主塔根部竖向应力色谱图

3.4.2.2 主塔折角处应力计算结果分析

（1）折角处未设置加劲板时应力计算结果分析

图 3.25 为折角部位（折角处未设置加劲板）主压应力分布图，从图中可以看到折角部位应力集中现象。最大压应力为－19.80MPa，与不考虑应力集中时的计算值－14.93MPa 之比为 1.33，即应力集中系数为 1.33。计算发现，高应力区范围较小，折角截面以上 0.6m 处，最大压应力为－17.50MPa，已有较明显的下降。该截面最大压应力满足设计规范对荷载组合 Ⅰ 混凝土最大压应力限值 17.50MPa 的规定。

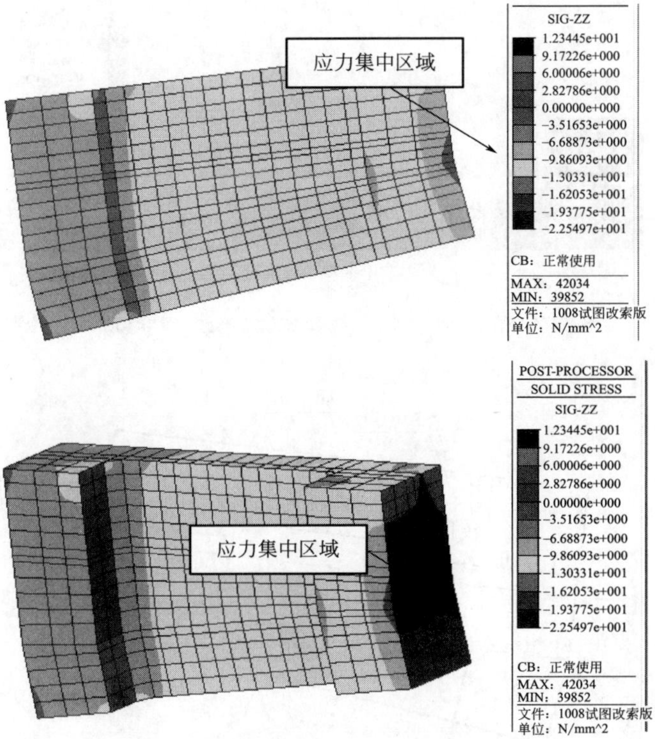

图 3.25 折角截面主压应力分布图（单位：MPa）

图 3.26 为折角截面法应力分布图。图 3.27 为折角截面以上 0.6m 截面法应力分布图。对比两图可见，因折角截面无加劲板，中跨及边跨侧塔壁轴向力在折角处将产生横向分力，导致塔壁产生面外弯曲。该效应对中跨侧塔壁影响较大，使得中跨侧塔壁截面应力梯度增大。

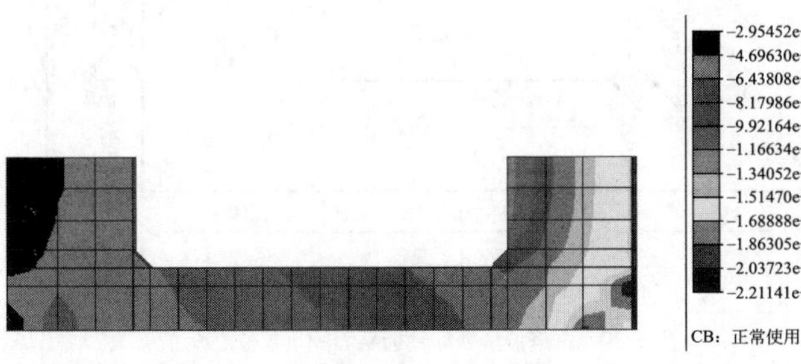

图 3.26 折角截面法应力分布图（单位：MPa）

（2）折角处设置加劲板后应力计算结果分析

为了改善折角处的应力分布，现于主塔折角处增设加劲板再进行应力分析，加劲板构造图如图 3.28 及图 3.29 所示。

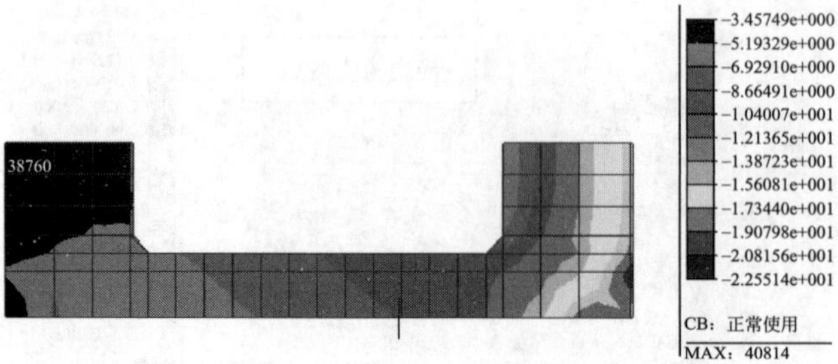

图 3.27　折角截面以上 0.6m 截面法应力分布图（单位：MPa）

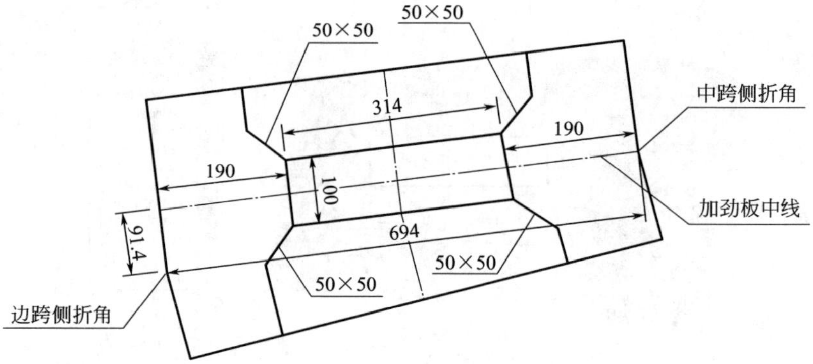

图 3.28　主塔折角处加劲板立面图（单位：cm）

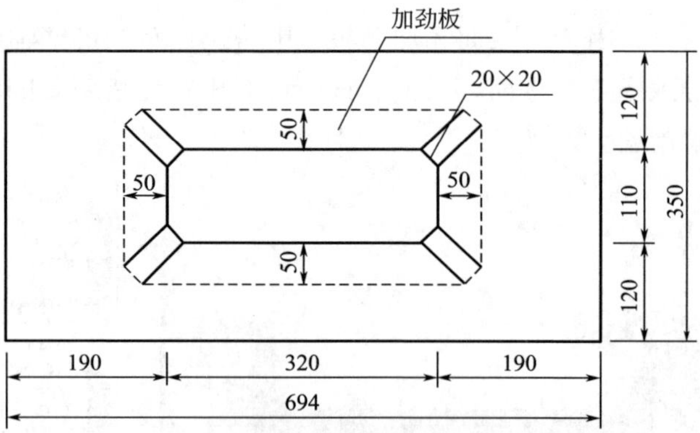

图 3.29　主塔折角处加劲板平面图（单位：cm）

图 3.30 为在折角截面增加加劲板后，折角部位法应力分布图。折角截面最大压应力为－18.97MPa，其上 0.6m 截面最大压应力为－17.00MPa，均较无加劲板时有所降低，截面应力集中系数降为 1.27。在降低折角截面最大压应力方面，可见加劲板的作用有限，但从应力分布图可见，加劲板的使用消除了中跨侧塔壁面外弯曲现

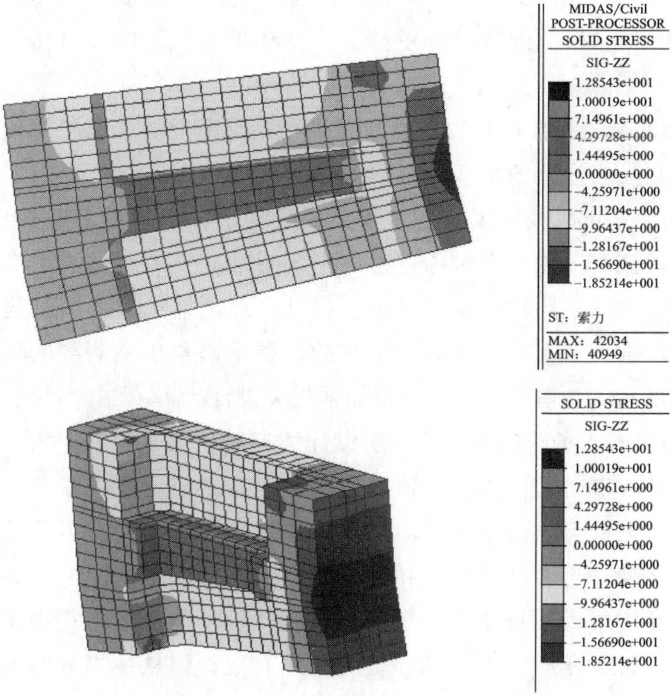

图 3.30　主塔折角设置加劲板后法应力分布图（单位：MPa）

象，使得主塔折角截面应力分布符合平截面假定。折角部位加劲板内周出现竖向拉应力，最大值为 1.35MPa，力学解释为主塔侧壁承受较大竖向压应力，混凝土三向介质竖向受挤压作用而发生横向膨胀变形，比拟为主应力流在通道截面突变部位产生的“应力涡漩”。如不采取措施局部受拉将产生裂缝，为此，设计时应加大加劲板腋角尺寸，并适当加强加劲板内周的竖向主拉钢筋和表面防裂钢筋网的配置。

上述计算值混凝土最大压应力属于局部现象，且高应力范围较小，另外，混凝土在高压应力作用下将发生一定的徐变，使得应力发生重分布，从而使得高应力产生一定的下降。可以认定主塔折角截面混凝土压应力满足设计规范要求。另外。计算表明，在恒载及活荷载作用下，主塔折角部位未出现拉应力，全截面处于受压状态。

3.5

本章小结

本章结合本书的研究背景——沈阳市富民桥，介绍了预应力混凝土折线塔斜拉桥箱形主塔受力特点及构造设计，采用空间有限元理论详细分析了折线塔控制截面的受力特点，并对主塔锚固区进行了理论计算和足尺试验结果对比分析研究。主要结论如下。

① 预应力混凝土折线塔斜拉桥主塔宜采用箱形断面，主塔斜拉索锚固区宜采用预应力来抵抗斜拉索产生的水平拉力。

② 预应力混凝土折线塔斜拉桥主塔锚固区理论分析与模型试验结果基本吻合，说明折线塔锚固区可采用与在对称索力作用下的常规直塔斜拉桥主塔锚固区同样的平面简化分析方法，从而提高设计效率。另外，理论计算与模型试验结果都充分显示箱室内倒角的部位、主塔外壁索孔上方的位置是最早出现裂缝的位置，因此设计时应适当加大倒角，主塔外壁索孔附近加强抗裂设计。

③ 预应力混凝土折线塔斜拉桥主塔设计的控制断面不仅有主塔根部，而且主塔折角处也是设计控制的关键部位，该部位存在严重的应力集中现象，但高应力区范围较小。当折角截面无加劲板时，中跨及边跨侧塔壁轴向力在折角处将产生横向分力，导致该二塔壁产生面外弯曲，并且该效应对中跨侧塔壁影响较大，使得中跨侧塔壁截面应力梯度增大。折角处设置加劲板后，折角截面应力集中系数下降，尽管在降低折角截面最大压应力方面加劲板的作用有限，但从应力分布图可见，加劲板的使用消除了中跨侧塔壁面外弯曲现象，使得主塔折角截面应力分布符合平截面假定。由于设置加劲板后，折角部位加劲板内周出现竖向拉应力，因此，设计时应适当加大加劲板腋角尺寸，并适当加强加劲板内周的竖向主拉钢筋和表面防裂钢筋网的配置。

4 chapter

第4章

单索面PC折塔斜拉桥索力确定的研究

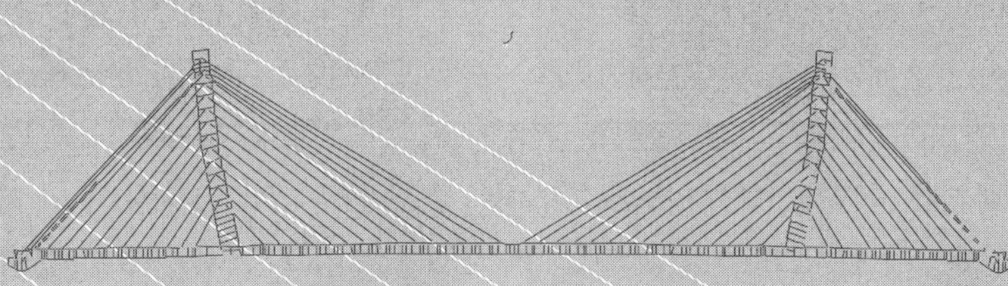

斜拉桥最大的特点之一是：斜拉桥的索力在施工和运营阶段是可以调整的，并且对应不同的斜拉索力，全桥的主梁和主塔将有不同的内力状态，而且随着斜拉桥跨径的增大，全桥和主梁刚度的进一步减小，斜拉索索力对梁体内力的影响也将越来越显著，通过索力调整可控制全桥的内力状态。由于斜拉桥的索力具备这种可调节性，并且每一座斜拉桥又存在一种能使全桥结构某种受力性能达到最优的状态，因此，对应某一总体布置及主梁、主塔总体构造已经确定的斜拉桥，在确定性荷载作用下，就一定存在一组索力来保证某种反映斜拉桥受力性能的目标达到最优[80]，从而满足设计者的要求，这组索力就可以作为斜拉桥合理成桥内力状态下的最优索力，也就是说，斜拉桥合理成桥内力状态最终是需要通过对斜拉桥索力的优化来实现的。

由于斜拉桥在施工阶段对应不同的施工方法、不同的荷载状态、不同的结构体系以及不同的结构刚度等的不断变化，结构的变形和内力亦将不断地随之发生变化，因此在已经确定的合理成桥索力的状态下，应根据具体的施工流程来反求各施工阶段的斜拉索力，用以确定各斜拉索的初张力，从而保证全桥在各施工阶段的变形和应力指标均满足要求，同时也保证了全桥的合理成桥状态。

综上所述，斜拉桥的成桥索力和初张力对斜拉桥的内力状态同样起着至关重要的作用。而折线塔斜拉桥由于其主塔两侧所受索力大小不同，尤其折线塔施工阶段需结合斜拉索张拉分段浇筑，其受力特性与直线塔有着很大的区别，因此混凝土折线塔斜拉桥索力确定的研究是混凝土折线塔斜拉桥力学特性研究的核心问题之一。

4.1 斜拉桥成桥恒载索力的优化方法

为了得到合理的成桥受力状态，国内外学者通过研究和实际工程经验，得到了许多斜拉桥成桥恒载索力的确定方法，但是由于斜拉桥受力性能的好坏不能用单一目标来衡量，而应该同时考虑主梁、主塔等斜拉桥各部位的受力情况，因此各种索力优化方法都有一定的局限性，这就需要设计者根据斜拉桥的具体情况，综合各种方法的优缺点，选择适当的多目标函数，对初步确定的索力进行不断的调整以期得到斜拉桥理想的受力状态。目前，常见的恒载索力优化方法主要包括：指定受力状态的索力优化方法、斜拉索力的无约束优化方法以及斜拉索力的有约束优化方法[80]。

4.1.1 指定受力状态的索力优化方法

指定受力状态的索力优化方法主要包括刚性支承连续梁法、零位移法以及内力

（或应力）平衡法。

（1）刚性支承连续梁法

刚性支承连续梁法[81,82] 是假定斜拉索不是弹性的而是刚性的，那么主梁在斜拉索锚固处的支承将是刚性支承，因此斜拉桥主梁的内力状态就与刚性支承连续梁的内力状态一致。尽管根据这一原理确定的合理成桥恒载索力能保证斜拉桥的主梁在恒载状态下变形最小、内力最小，但却无法考虑到主塔和中跨合拢段的内力情况，并且确定的索力不是很均匀，部分索力不合理，甚至出现负值。但由于该方法简单明了，国内外学者在斜拉桥设计中都在广泛使用。

（2）零位移法

零位移法[83] 是假定斜拉桥在恒载作用下调整索力达到成桥状态，此时斜拉索与主梁交点位移为零。当斜拉桥在满堂支架上一次落架形成时，其计算结果与刚性支承连续梁法计算结果几乎一致（当主梁的轴向刚度→∞时），因此该方法的优缺点也与刚性支承连续梁法相近。

（3）内力（或应力）平衡法

内力平衡法[84,85] 是将主梁控制截面的内力作为研究对象，以“内力平衡”的原则，计算合理的成桥索力。不研究斜拉桥的位移，而是把如何合理地选择控制截面的内力控制值作为研究的重点内容，具体可采用宁平华[86] 提出的应力平衡原则：选择适当的斜拉索索力，在恒载和活载的共同作用下，斜拉桥各控制截面上翼缘的最大应力和材料的容许应力之比接近下翼缘的最大应力和材料容许应力之比。从而保证斜拉桥的各控制截面上下缘的材料均得到充分利用。在这种情况下，主梁各截面受力均匀，主梁上下两条内力包络图平滑圆顺。

此法同时考虑了恒载和活载的共同作用，充分利用了材料的承载能力，但无法考虑主塔的受力情况。

4.1.2 斜拉索力的无约束优化方法

斜拉索力的无约束优化方法的典型代表包括最小弯曲能量法和弯矩最小法[80]。

斜拉桥的体系势能由弯矩、轴力和剪力三部分引起的势能组成，具体体系势能可用下式表达：

$$U=\int \frac{M^2}{2EI}\mathrm{d}x+\int \frac{N^2}{2EA}\mathrm{d}x+k\int \frac{Q^2}{2GA}\mathrm{d}x \tag{4.1}$$

式中 M，N，Q——恒载在斜拉桥上所产生弯矩、轴力和剪力；

E，G——材料的杨氏弹性模量和材料的剪切弹性模量；

A，I——构件的截面积和截面惯性矩；

K——截面剪应力不均匀系数。

(1) 最小弯曲能量法[87,88]

最小弯曲能量法是以斜拉桥弯曲应变能最小为目标函数，来确定斜拉桥合理成桥索力。

通常对于斜拉桥来说，主梁和主塔的结构尺寸主要由弯矩控制，轴力和剪力控制为辅，因此从能量原理出发，可以忽略轴力和剪力影响，而把弯曲应变能 $\left(\int \frac{M}{2EI}^{2} \mathrm{d}x\right)$ 的多少作为斜拉桥结构经济性能指标的衡量标准，因此只要选取适当的索力，即可令弯曲总能量取极值，从而得到斜拉桥合理成桥索力。具体简化计算方法是：令主梁、桥塔以及斜拉索的截面积加大（如乘以某一个大数），同时等比例减小其容重，以保证其恒载自重保持不变，对斜拉桥进行成桥恒载状态计算得到成桥索力，该索力即为由最小弯曲能量法确定的斜拉桥恒载状态索力。该方法同时考虑了主梁和主塔的内力和变形情况，但所考虑的荷载只包括恒载，不包括活载和预应力。

尽管该方法使用比较广泛，但依旧存在部分索力不合理的情况，因此仍需对该法确定的索力进行一定的人工调整。

(2) 弯矩最小法[89]

弯曲应变能 $\int \frac{M}{2EI}^{2} \mathrm{d}x$ 是结构内力和位移的乘积，它取驻值意味着结构的内力和位移同时都达到最佳效果，如果忽略结构的弹性模量和惯性矩，而只考虑弯矩平方和 $\int M^{2} \mathrm{d}x$ ，这就是弯矩最小法。很显然相对最小弯曲能量法来说，弯矩最小法忽略了结构的变形，即忽略构件柔度对弯曲能量吸收的权。因此，该方法优化结果没有最小弯曲能量法的优化结果合理。

4.1.3 斜拉索力的有约束优化方法

斜拉索力的有约束优化方法主要包括：用索量最小法以及最大偏差最小法[80]。

(1) 用索量最小法

用索量最小法[90] 是将斜拉索的用量（张拉力×索长）作为研究的目标函数，用控制截面的内力和位移期望值的范围作为约束条件，对索力进行优化的一种方法。运用这种方法，必须确定合理的约束方程，否则容易引出错误的结果。具体可采用下述方法对索力进行优化：

$$\{F\}=[C]\{T\} \tag{4.2}$$

$$\{E\}=\{D\}+\{L\}+\{F\}=\{D\}+\{L\}+[C]\{T\} \tag{4.3}$$

式中 $\{T\}$——斜拉索索力（向量）；

$[C]$——单位索力所引起的内力及位移（影响矩阵）；

$\{F\}$——索力 $\{T\}$ 所引起的内力及位移（向量）；

$\{D\}$——恒载所引起的内力及位移（向量）；

$\{L\}$——活载所引起的内力及位移（向量）；

$\{E\}$——索力、恒载及活载作用下所引起的内力及位移的期望值（向量）。

根据式(4.3) 可得：

$$[C]\{T\}=\{E\}-\{D\}-\{L\} \tag{4.4}$$

根据式(4.4)，只要选择合理的内力及位移期望值，便可根据目标函数 $\min(\sum_{i=1}^{n} T_i l_i)$ 求出合理的斜拉索索力。

(2) 最大偏差最小法[91,92]

合理的期望值应有一定的范围，而不应是某一确定的值，是将可行域中参量与期望值的偏差作为要研究的目标函数，使最大偏差达到最小。可根据选定的期望值，将研究目标转化为一个线性规划问题。这种方法既适用于成桥状态索力的优化，也适用于施工阶段的索力调整优化。

4.2 斜拉桥合理施工状态斜拉索初张力的确定方法

斜拉桥在施工过程中，结构体系和荷载状态将随施工过程不断发生变化，斜拉桥的内力和变形也随之发生变化。因此，斜拉桥的设计不仅要使结构满足成桥后的强度及变形的要求，同时也要模拟施工流程进行计算分析，求出结构各施工阶段的内力、变形，以及各施工阶段的索力，从而进行结构施工阶段的验算，以保证全桥从施工阶段到运营阶段均能满足规范要求。

由于斜拉桥的索力具备可调节性，因此我们可以根据合理成桥状态的索力并结合选定的斜拉桥施工方法和施工流程反求出施工阶段的索力。目前确定合理施工状态斜拉索初张力的方法主要有：倒拆法、正装-倒拆迭代法、正装迭代法等。

4.2.1 倒拆法

倒拆法[93,94] 的基本思想是：根据已确定的斜拉桥成桥状态，按照施工流程的逆过程，对斜拉桥进行倒拆计算，从而确定各施工阶段斜拉索索力，然后再按正常的施工顺序进行计算。

从理论上讲，反过来按正装顺序计算得到成桥状态的斜拉桥内力结果应与理想成桥状态的结果相吻合，但由于正装和倒拆的计算状态不一致；两种方法的预应力张拉引起的内力、混凝土的收缩徐变引起的内力均不一致，以及斜拉索垂度效应和大位移效应引起的内力不一致等因素，导致倒拆法的计算结果往往失真，实际设计中应采取适当的方法进行修正。

4.2.2 正装-倒拆迭代法

当采用正装-倒拆迭代法[95,96] 确定施工索力时，应先进行结构的倒拆计算，再进行正装计算，这样，完成了斜拉桥的第一轮计算，然后根据前一轮正装计算的阶段索力来计算拉索的等效刚度，采用表观模量法计入拉索的垂度效应，同时逐阶段考虑正装计算的收缩徐变效应，对结构再进行倒拆计算，如此反复直至计算结果收敛。

4.2.3 正装迭代法

首先确定斜拉桥的合理成桥状态，再假定各斜拉索的张拉索力，按结构的实际施工流程对结构进行正装计算，比较合理成桥状态与按正装计算得到的成桥状态，采用最小二乘法原理来保证斜拉桥在两种成桥状态下的计算结果相差最小，直到计算结果收敛为止[27]。

斜拉索初张力的确定，无论采用上述任一方法，设计中都应先确定成桥索力，然后根据成桥索力结合斜拉桥的施工方法来确定施工索力，但由于斜拉桥存在混凝土收缩、徐变以及结构非线性等因素，所以施工索力的确定存在许多不确定性，很多专家、学者在研究常见方法的缺陷后，又提出了许多修正方法。

4.3 单索面 PC 折塔斜拉桥成桥恒载索力确定的研究

对于任何形式的斜拉桥只要总体布置完成，主要结构尺寸已拟定，不管它采用何种施工方案，其满足某种目标要求的成桥状态是一定的。对于直塔斜拉桥来说，当跨径布置完成，并选择了斜拉索布置形式后，根据以往斜拉桥的建设经验，主塔的有效高度、主梁及主塔的主要断面尺寸即可拟定，即合理成桥状态相当于已知，因而根据某种成桥索力优化方法我们便可确定直塔斜拉桥成桥恒载索力。由于目前可检索到的预应力混凝土折线塔斜拉桥设计资料寥寥无几，这给我们拟定主要结构尺寸带来了极大的困难，因此，首先应研究预应力混凝土折线塔斜拉桥的静力平衡特征，并根据其静力平衡特征，拟定预应力混凝土折线塔斜拉桥主梁及主塔截面尺寸，从而进一步确定预应力混凝土折线塔斜拉桥合理成桥状态。

4.3.1 单索面 PC 折塔斜拉桥成桥恒载状态静力平衡特征分析

4.3.1.1 单索面 PC 折塔斜拉桥主梁、主塔的整体平衡特点

常规直塔斜拉桥，主塔两侧对称位置斜拉索在恒载状态下索力差别较小，桥塔两侧水平力可基本保持平衡，在活载和附加荷载作用下主塔才承受一定的水平力及弯矩。而对于预应力混凝土折线塔斜拉桥来说，由于塔身倾斜，主塔自身将产生倾覆力矩，为了抵消这一力矩，确保主塔处于良好的受力状态，边、中跨主梁通过斜拉索对主塔产生的抗倾覆力矩必须平衡塔身的重力矩，即折线塔斜拉桥主塔两侧对称位置的斜拉索只有采用大小不同的索力，才能满足折线塔平衡受力的要求。如果单独取折线塔进行受力分析，折线塔的力学特征为在斜拉索索力及自身重力作用下的悬臂梁。

根据斜拉桥索区内主梁重量主要通过斜拉索传递到主塔上这一受力特点，我们可以任选其中的一个主塔进行分析，并且为了简化计算，可以先做如下假定。

① 假定单个斜拉索恒载索力的竖向分力与该段梁体恒载重量相等，所有拉索的竖向分力之和等于拉索区段主梁的恒载重量。

② 忽略全桥无索区段主梁重量对塔梁结构平衡的影响。

根据上述假定，我们可以得到折线塔斜拉桥的整体平衡示意图如图 4.1 所示。

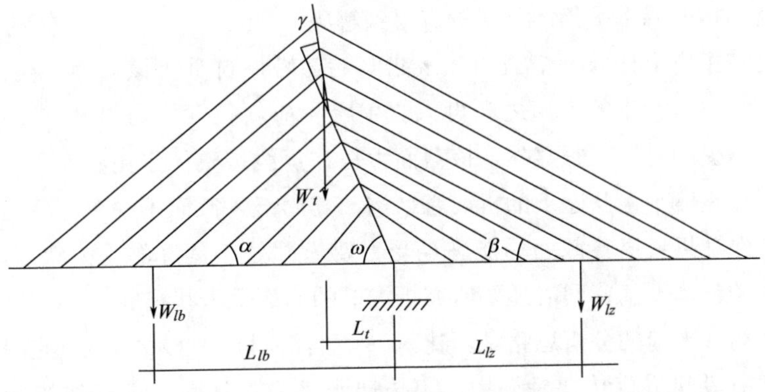

图 4.1 折线塔斜拉桥的整体平衡示意图

图 4.1 中 W_t 为桥塔的重量，L_t 为桥塔重心距梁塔固结点距离。W_{lz} 为主跨拉索

区主梁重量，L_{lz} 为主跨拉索区主梁重心距梁塔固结点距离，W_{lb} 为边跨拉索区主梁重量，L_{lb} 为边跨拉索区主梁重心距梁塔固结点距离。根据图 4.1 和上述假定，便可得到以下各量的计算公式。

边跨拉索区段主梁对梁塔固结点的倾覆力矩：

$$M_{lb}=W_{lb}L_{lb} \tag{4.5}$$

桥塔自重的倾覆力矩：

$$M_t=W_tL_t \tag{4.6}$$

主跨拉索区段主梁对梁塔固结点的抵抗力矩：

$$M_{lz}=W_{lz}L_{lz} \tag{4.7}$$

根据式(4.5)～式(4.7)，便不难得到主塔根部承受的恒载弯矩 M：

$$M=M_t+M_{lb}-M_{lz}=W_tL_t+W_{lb}L_{lb}-W_{lz}L_{lz} \tag{4.8}$$

若要保证在恒载状态下折线塔根部处于轴心受压状态，则折线塔根部的恒载弯矩 $M=0$，此时折线塔斜拉桥边、中跨主梁恒载与折线塔自重完全达到整体平衡，在此状态下，折线塔根部将仅承受活载及附加荷载引起的弯矩作用。由式(4.8) 可以看出：根据常规直塔斜拉桥规律拟定主塔断面尺寸后，只需调整边、中跨主梁断面尺寸及斜拉索布置间距便可满足上述预应力混凝土折线塔斜拉桥结构的整体平衡关系。

4.3.1.2 单索面 PC 折塔斜拉桥主梁、主塔的局部平衡特点

上述预应力混凝土折线塔斜拉桥的整体平衡概念，只是保证了在成桥恒载状态下桥梁的整体力矩平衡关系，此整体平衡关系理论上可以保证折线塔根部在恒载状态下处于良好的受力状态，但折线塔的其他截面的受力状态却没有得到考虑，也就是说折线塔结构的局部平衡问题还没有得到解决。

现假定在主塔上任取一个截面，该截面上部塔柱自重对该截面产生的力矩与边跨斜拉索索力对其产生的力矩之和再减去主跨相应斜拉索索力对其产生的力矩，即为该截面所承受的力矩。很显然，该截面力矩在折线塔整体平衡状态下不一定为零，也就是说，在整体平衡状态下的折线塔结构，其局部各截面不一定能完全保持平衡。因此，为了保证折线塔各截面均能满足受力要求并处于良好的受力状态，就不仅要研究折线塔的整体平衡，同时还要研究折线塔的局部受力状况。

折线塔局部平衡的分析思路是：让每一个梁塔对应节段的荷载均保持平衡，这样主塔相邻节段间将仅传递轴向力，不传递水平力，从而保证折线塔的局部平衡。假定折线塔折点以上部分称为上塔柱，以下部分称为下塔柱，现分别对其局部平衡状态进行分析。

在折线塔下塔柱区域内任意取出相对应的一个梁节段和一个塔节段，以及相对应的一对斜拉索来分析其局部平衡关系，见图 4.2。

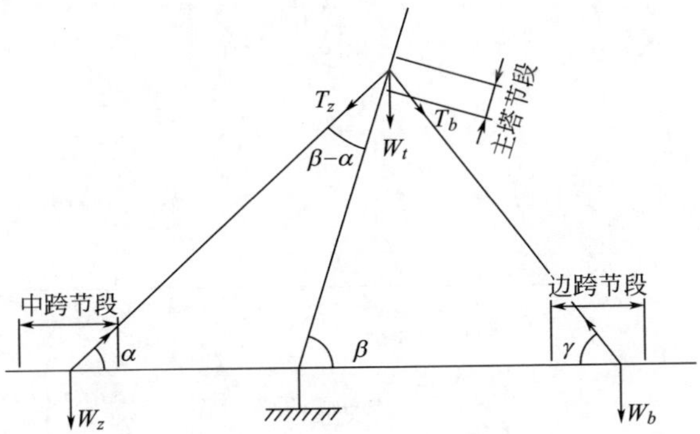

图 4.2　下塔柱局部平衡示意图

假定主跨索力为 T_z，边跨索力为 T_b，塔身重量为 W_t，主跨主梁节段重量为 W_z，边跨主梁节段重量为 W_b。

仍采用前面整体平衡状态下所述的假设条件，即恒载状态下斜拉索索力竖向分力与主梁节段荷载相等。若索力与折线塔塔身重量在垂直于塔身方向上的分力保持平衡，即水平分力的合力为零，则折线塔将不承受倾覆力矩，且索力及塔身重量的合力沿下塔柱塔身轴线方向。在此状态下，下塔柱处于轴心受压状态。根据折线塔斜拉桥的局部平衡关系，可得如下表达式。

斜拉索索力与主梁节段荷载一一对应：

$$W_z = T_z \sin\alpha，即 \ T_z = W_z / \sin\alpha \tag{4.9}$$

$$W_b = T_b \sin\gamma，即 \ T_b = W_b / \sin\gamma \tag{4.10}$$

由垂直于塔身方向合力为零得到：

$$T_z \sin(\beta-\alpha) = W_t \cos\beta + T_b \cos(\beta+\alpha-90) \tag{4.11}$$

由式(4.11) 可得：

$$W_t = \frac{T_z \sin(\beta-\alpha) - T_b \cos(\beta+\gamma-90)}{\cos\beta} \tag{4.12}$$

进一步可以得到：

$$W_t = \frac{W_z \sin(\beta-\alpha)\sin\gamma - W_b \cos(\beta+\gamma-90)\sin\alpha}{\sin\alpha \sin\gamma \cos\beta} \tag{4.13}$$

式(4.13) 即为折线塔斜拉桥下塔柱部分的梁、塔的恒载局部平衡公式。

同样，根据上塔柱节段受力图（图 4.3），我们可以得到折线塔斜拉桥上塔柱部分的梁、塔的恒载局部平衡公式。

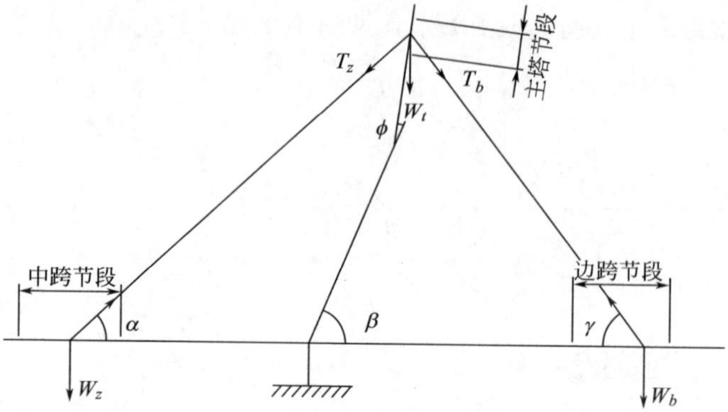

图 4.3　上塔柱局部平衡示意

$$W_t=\frac{W_z\sin(\beta+\phi-\alpha)\sin\gamma-W_b\cos(\beta+\phi+\gamma-90)\sin\alpha}{\sin\alpha\sin\gamma\cos(\beta+\phi)} \tag{4.14}$$

根据上述局部平衡公式，我们可以看到：在桥梁整体造型一定的情况下，即在跨径布置一定，拉索、主塔倾角一定的情况下，可以通过调整塔身的重量来平衡边、中跨主梁的重量；也可以假定主塔的重量一定，通过调整主梁边、中跨的重量分布来平衡主塔的重量。通常在斜塔无背索斜拉桥或边跨只有少数几根斜拉索的斜塔斜拉桥的设计中采用调整塔身重量的方法。为了充分发挥斜拉索的作用，降低工程造价，在折线塔斜拉桥设计中将采用调整主梁边、中跨的重量分布的方法来平衡主塔的重量。

由上述局部平衡公式可以看出预应力混凝土折线塔斜拉桥的斜拉索布置以及主塔倾角是折线塔斜拉桥设计的重要几何参数，将直接影响到预应力混凝土折线塔斜拉桥主梁的设计。

4.3.1.3　单索面 PC 折塔斜拉桥整体平衡与局部平衡的关系

根据预应力混凝土折线塔斜拉桥的整体平衡与局部平衡公式，可以初步拟定预应力混凝土折线塔斜拉桥的主要结构尺寸，为进一步索力优化提供基础条件。另外，根据平衡公式我们还可以得知：若主塔各节段受力状态均满足局部平衡要素之间的关系，则必然满足整体平衡下的受力状态，反之则不成立。当然，上述分析方法只是近似性的分析方法，如果考虑构造、施工等方面的因素，预应力混凝土折线塔斜拉桥的局部完全平衡只是一种理想状态，难以完全达到。尽管如此，由于不平衡弯矩将直接影响到折线塔后期的徐变变形，而徐变变形又具有不确定性，因此，研究混凝土折线塔的局部不平衡力矩状况，对控制预应力混凝土折线塔斜拉桥的后期变形具有很大的现实意义。

从整体平衡的公式可以看出，预应力混凝土折线塔斜拉桥的完全平衡状态只是结构在恒载状况下的一种特殊情况，对于实际的预应力混凝土折线塔斜拉桥，不仅需要考虑成桥恒载状态下的全桥受力状态，还需要考虑桥梁实际施工过程以及后期承受的活载、温度等荷载作用下的受力状态，并通过研究活载以及施工过程等其他因素对桥梁平衡状态的影响，来修正预应力混凝土折线塔斜拉桥的结构局部尺寸以及来适当调整斜拉索力，从而保证预应力混凝土折线塔斜拉桥处于良好的使用状态。

4.3.1.4 单索面 PC 折塔斜拉桥主要结构尺寸拟订

目前已建无背索斜塔斜拉桥是通过调整主塔的重量来平衡主跨重量的，考虑到预应力混凝土折线塔斜拉桥主塔两侧斜拉索根数相同这一特点，为了使得这种高次超静定结构设计更加简化，本书首先拟订折线塔的主要构造尺寸（同常规直塔斜拉桥），并拟订出主跨主梁断面尺寸，并再根据预应力混凝土折线塔斜拉桥的静力平衡特征来调整边跨主梁延米重量，即边跨主梁外形尺寸保持不变，通过改变箱梁顶、底板及腹板厚度来调整边跨主梁重量，从而确定边跨主梁断面，至此，在跨径布置一定的情况下，预应力混凝土折线塔斜拉桥的主要构造尺寸已拟定完毕。

4.3.2 单索面 PC 折塔斜拉桥成桥恒载索力的确定方法

在确定斜拉桥成桥恒载索力时，尽管刚性支承连续梁法和零位移法使用方便，但这两种方法只考虑了主梁的受力和变形情况[2,3]，而无法考虑主塔的受力是否合理，但由于预应力混凝土折线塔斜拉桥的主塔受力又是预应力混凝土折线塔斜拉桥设计的关键控制要素之一，因此刚性支承连续梁法和零位移法不适合用来确定预应力混凝土折线塔斜拉桥成桥恒载索力。

另外，由于斜拉桥的主塔断面尺寸一般较主梁要大，因而主塔和主梁的刚度将相差较大，并且主塔以受压为主，主梁以受弯为主，二者的单位造价因此也相差较大，而弯矩最小法忽略了结构的刚度，无法考虑不同刚度的主塔和主梁对弯曲能量的不同吸收的权[2]，而将二者一视同仁，因而采用弯矩最小法来确定预应力混凝土折线塔斜拉桥的成桥恒载索力也必然存在着一定的问题。

斜拉索力优化的用索量最小法和最大偏差最小法概念清晰，但由于其数学模型复杂，运算极其烦琐，因此在确定预应力混凝土折线塔斜拉桥成桥恒载索力时应慎用。

而最小弯曲能量法从能量原理出发，采用结构的弯曲应变能作为目标函数，忽略轴力和剪力对结构势能的影响，不仅考虑了预应力混凝土折线塔斜拉桥主梁的内力和变形，同时也考虑了折线塔的内力和变形，因此在设计中只要选取适当的索力即可令预应力混凝土折线塔斜拉桥的弯曲总能量取驻值，对此索力进行适当调整就可得到成桥后的合理恒载索力。

以下将结合本书的研究背景，介绍预应力混凝土折线塔斜拉桥成桥索力的确定方法。

4.3.2.1 单索面PC折塔斜拉桥成桥索力确定步骤

（1）采用最小弯曲能量法初步确定预应力混凝土折线塔斜拉桥成桥恒载状态

根据前述确定的结构尺寸，在不考虑主梁预应力设计的情况下，采用最小弯曲能量法对预应力混凝土折线塔斜拉桥进行首次分析优化，并调整优化后的个别索力，得到一种恒载状态下主梁和折线塔内弯矩均比较小，且索力也基本均匀的成桥状态，但是在这种情况下，个别斜拉索的索力可能是不合理的，个别截面的受力状态也可能并不合理。虽然这种成桥状态并不是最终目标，但却是成桥状态继续调整的基础。

（2）采用假载法对预应力混凝土折线塔斜拉桥进行成桥状态计算

根据步骤（1）初步确定的合理成桥状态，对预应力混凝土折线塔斜拉桥进行活载计算，并将其换算成虚拟荷载（假载）[97]。假载可以取设计活载的一半等效为均布荷载，并满布全桥。根据主塔、主梁需要调整弯矩的各控制截面的内力情况，施加一些能对控制截面产生内力期望值的虚拟荷载（假载），使得成桥状态时主梁及主塔各控制截面有一定的正、负弯矩储备，从而可以使得各控制截面在最不利荷载组合时的弯矩值在规范的允许范围内[98]。这样，又得到一个新的成桥状态。

（3）计算主梁和索塔的最不利应力包络图

取消假载，利用上一步得到的预应力混凝土折线塔斜拉桥的成桥状态，综合考虑混凝土的收缩徐变、汽车等其他荷载因素所产生的预应力混凝土折线塔斜拉桥的内力，求得主梁和桥塔的最不利应力包络图。由于上一步获得的成桥状态没有考虑施工过程对桥梁内力的影响，并非最终结果，因此计算所得到的最不利应力包络图是近似的。

（4）主梁预应力设计

根据内力平衡法，利用步骤（3）计算的主梁应力包络图，可以进行主梁的预应力设计。假定全部荷载在主梁截面上产生的拉、压应力均小于材料允许拉、压应力，便不难得到：

$$M_d \geqslant \left[-\frac{N_d+N_y}{A}-[\sigma_l]+\sigma_{sm}\right]W_s=M_{dl2}\text{（控制截面上缘拉应力）} \tag{4.15}$$

$$M_d \geqslant \left[+\frac{N_d+N_y}{A}+[\sigma_l]-\sigma_{xm}\right]W_x=M_{dl1}\text{（控制截面下缘拉应力）} \tag{4.16}$$

$$M_d \leqslant \left[\frac{N_d + N_y}{A} + [\sigma_a] - \sigma_{xn}\right] W_x = M_{da2} \text{（控制截面下缘压应力）} \quad (4.17)$$

$$M_d \leqslant \left[-\frac{N_d + N_y}{A} - [\sigma_a] - \sigma_{sn}\right] W_s = M_{da1} \text{（控制截面上缘压应力）} \quad (4.18)$$

式中 N_d——除预应力外的恒载引起的主梁轴向力（压为正）；

N_y——全部有效预应力（压为正）；

M_d——全部恒载引起的主梁弯矩（主梁下缘受拉为正）；

σ_{sm}、σ_{xm}——主梁截面上、下缘最大活载应力（受拉为正，受压为负）；

σ_{sn}、σ_{xn}——主梁截面上、下缘最小活载应力（受拉为正，受压为负）；

A——主梁截面面积；

W_s、W_x——主梁截面上、下缘抗弯截面模量；

$[\sigma_l]$、$[\sigma_a]$——主梁材料的允许拉、压应力。

若令 $M_{d1} = \min(M_{dl1}, M_{da1})$（控制主梁截面正弯矩），$M_{d2} = \max(M_{dl2}, M_{da2})$（控制主梁截面负弯矩），根据式(4.15)～式(4.18)，便可得到主梁恒载弯矩可行域为：$M_{d2} \leqslant M_d \leqslant M_{d1}$，由上一步得到的主梁最不利应力包络图，通过调整预加力的大小和偏心距，据此公式便可计算出主梁预应力数量，并使主梁的应力满足要求。

(5) 模拟实际施工流程进行预应力混凝土折线塔斜拉桥的正装计算

根据上一步计算得到的主梁预应力设计，模拟真实的施工流程（预应力混凝土折线塔斜拉桥的施工流程与常规直线塔斜拉桥的施工流程区别很大，在前面章节中已有详细论述），对预应力混凝土折线塔斜拉桥进行再次的正装计算，通过这一计算过程，又可以得到一新的成桥状态，此时如果主梁和塔成桥弯矩落在弯矩可行域内，则可确定该状态即为最终的成桥状态，此状态下的成桥索力即为预应力混凝土折线塔斜拉桥的成桥合理恒载索力，否则应调整成桥索力或重新设计。

4.3.2.2 单索面 PC 折塔斜拉桥成桥恒载索力分析结果

通过上述计算流程所确定的成桥恒载索力见表 4.1，主梁应力见图 4.4～图 4.6，由图中数据可知，主梁在成桥状态恒载作用下和活载作用下，主梁应力均满足规范要求。

表 4.1 成桥恒载索力 单位：kN

4#墩处				5#墩处			
拉索编号	成桥索力	拉索编号	成桥索力	拉索编号	成桥索力	拉索编号	成桥索力
C1′	9970	C1	10500	C1′	10500	C1	11000
C2′	10400	C2	11800	C2′	11600	C2	11600

续表

4# 墩处				5# 墩处			
拉索编号	成桥索力	拉索编号	成桥索力	拉索编号	成桥索力	拉索编号	成桥索力
$C3'$	5940	$C3$	8430	$C3'$	5420	$C3$	8780
$C4'$	6320	$C4$	8780	$C4'$	5260	$C4$	9230
$C5'$	6390	$C5$	10100	$C5'$	6390	$C5$	10000
$C6'$	6560	$C6$	10200	$C6'$	7270	$C6$	10700
$C7'$	6430	$C7$	10600	$C7'$	6290	$C7$	11300
$C8'$	7060	$C8$	11500	$C8'$	6890	$C8$	11600
$C9'$	6970	$C9$	11400	$C9'$	6810	$C9$	11400
$C10'$	7540	$C10$	11700	$C10'$	7380	$C10$	11000
$C11'$	7600	$C11$	12000	$C11'$	7480	$C11$	11200
$C12'$	11700	$C12$	12000	$C12'$	11700	$C12$	11800
$C13'$	12000	$C13$	11900	$C13'$	12000	$C13$	11600
$C14'$	13700	$C14$	11700	$C14'$	13800	$C14$	11300
$C15'$	12500	$C15$	8330	$C15'$	13100	$C15$	8030

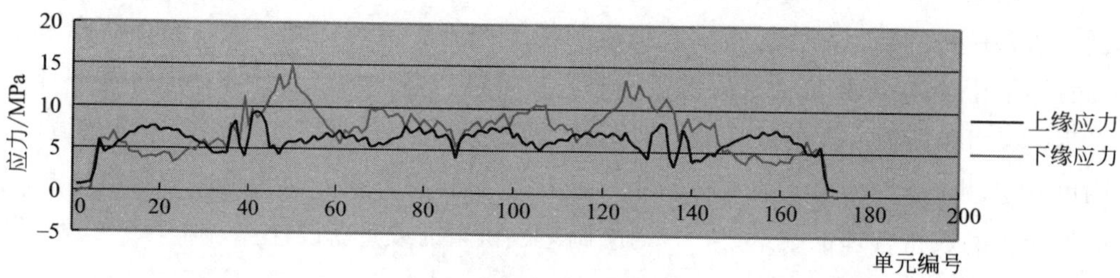

图 4.4 成桥阶段主梁应力

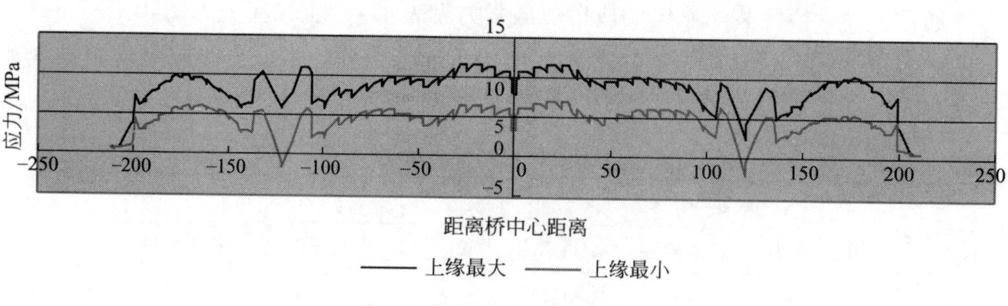

图 4.5 活载作用下主梁上缘应力

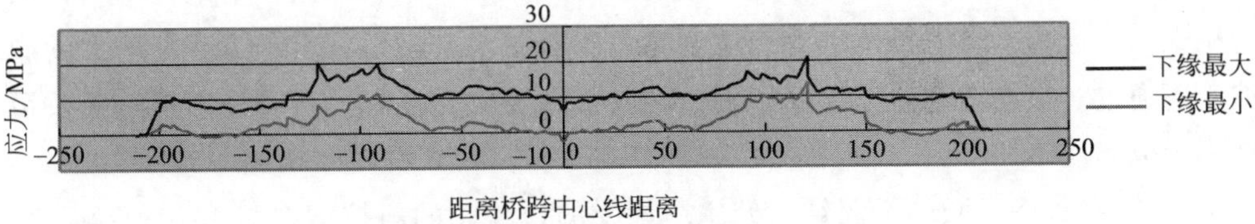

图 4.6　活载作用下主梁下缘应力

4.3.2.3　单索面 PC 折塔斜拉桥索力规律分析

为了便于分析预应力混凝土折线塔斜拉桥索力分布规律，将索力分布做成索力柱状图，见图 4.7 与图 4.8。

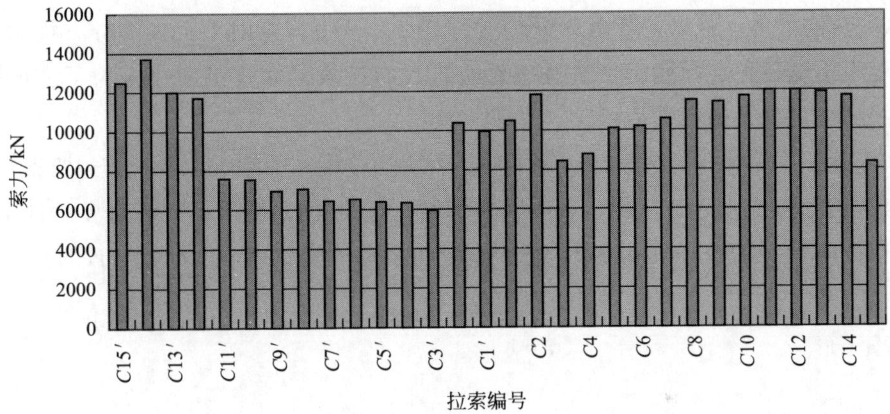

图 4.7　4# 墩成桥索力柱状图

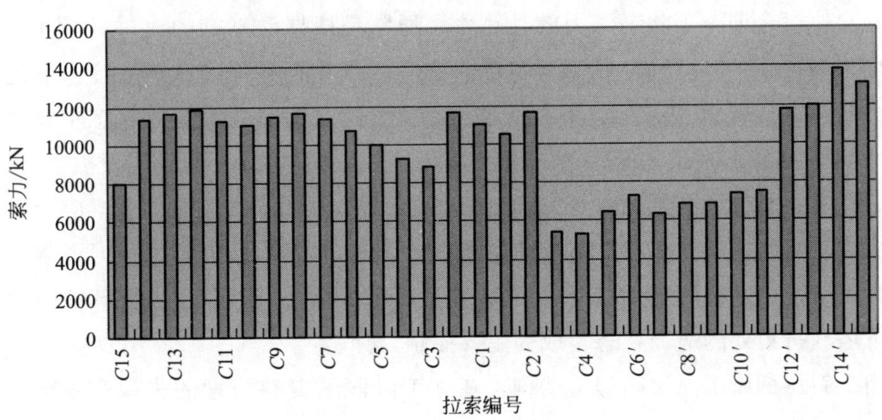

图 4.8　5# 墩成桥索力柱状图

通常情况下常规直塔斜拉桥成桥恒载索力分布规律是：除离主塔最近的斜拉索力稍大外，远离主塔的斜拉索由于拉索倾角不断减小，索力将会出现逐渐增大的规律。而通过对上述索力计算数据分析，可以得出预应力混凝土折线塔斜拉桥成桥恒载索力分布规律如下。

① 4#墩（塔、墩、梁固结）处主塔承受的边跨总的斜拉索力为131080kN，5#墩（塔梁固结、墩梁分离）处主塔承受的边跨总的斜拉索力为131890kN，二者仅相差0.6%；4#墩处主塔承受的中跨总的斜拉索力为160940kN，5#墩处主塔承受的中跨总的斜拉索力为160540kN，二者仅相差0.2%；这说明尽管两个主塔在恒载作用下的边界条件不一样，但由于斜拉索力主要以恒载为主，两个主塔所承受的总的索力必须接近，才能满足折线塔斜拉桥的整体平衡，才能保证整个折线塔斜拉桥的弯曲能量最小。

② 斜拉索力（距离主塔由近至远）呈现由大至小、再由小至大的分布规律，这是由于上下塔柱存在折角、上塔柱接近竖直且斜拉索倾角逐渐减小，为了满足折线塔斜拉桥的局部平衡所造成的。

③ 由于折线塔向边跨倾斜，为了平衡主塔的重量，中跨索力要大于边跨索力。

④ 两个主塔对应位置处的对应索力不同，这是由于两个主塔的边界条件不同，为了保证两个主塔的内力接近及对应位置处主梁的内力和变形接近所导致的。

4.4 单索面PC折塔斜拉桥合理施工状态斜拉索初张力的确定方法

在斜拉桥合理施工状态索力的计算中，通常是根据已确定的成桥目标状态和施工工序来确定施工阶段目标状态，目标状态主要指结构的应力状态和变形状态。其中应力状态主要包括主梁、主塔、桥墩、斜拉索的受力状态，变形状态主要指主梁的成桥线型。通常对于直塔斜拉桥，变形状态可通过调整施工阶段的预拱度来实现，主塔、桥墩及斜拉索的应力状态均不控制全桥的受力状态，因此，主梁应力状态的控制成为直塔斜拉桥成桥状态和施工状态控制的根本因素。对于预应力混凝土折线塔斜拉桥来说，主梁的应力状态依然是主要控制目标，另外，主塔根部的应力状态和上下塔柱折角处的应力状态也成为主要控制目标。

由于斜拉桥属于高次超静定结构，在施工阶段随着斜拉索的张拉和主梁、主塔的浇筑，斜拉桥结构体系和荷载状态不断变化，主梁和主塔的内力和变形也随之不断发生变化，因此，需要对全桥的每一个施工阶段进行分析验算，以保证主梁和主塔的内力、变形能满足结构安全需要。

本书以沈阳市富民桥为工程背景，采用正装迭代法来确定预应力混凝土折线塔斜拉桥拉索初张力。

4.4.1 单索面 PC 折塔斜拉桥施工阶段初张力的确定原则

由于常规直塔斜拉桥的主塔在施工过程中能实现自平衡，因此常规直塔斜拉桥都是在主塔施工至封顶后，再进行主梁和斜拉索的施工。对于预应力混凝土折线塔斜拉桥而言，由于倾斜的塔身自重会产生很大的弯矩，如果其自身在施工过程中能实现自平衡，并采用与直塔斜拉桥同样的施工方法施工，则混凝土折线主塔的断面尺寸将需做得很大才能给自身提供足够的强度和刚度来承受自身重量产生的弯矩及变形。根据折线塔的平衡特点，主塔的平衡是靠自身和主塔两侧不对称的索力来实现的，因此，只有确定合理的主塔浇筑高度和浇筑时机，才能保证主塔满足施工阶段的受力要求。

沈阳市富民桥为双塔单索面预应力混凝土斜拉桥，由于该桥主塔桥墩较矮，墩身刚度较大，而沈阳地区温差较大，因此，如两个主塔均采用塔、墩、梁固结体系，则巨大的温度应力将无法释放，会在墩身和主梁内产生结构自身很难克服的内力。通常解决这一问题有三种方法：一是塔梁固结，墩梁分离，梁下设置支座；二是塔、墩、梁固结，中跨主梁设置挂孔；三是塔、墩、梁固结，中跨主梁设置铰。该工程4#墩采用塔、墩、梁固结的方式，而5#墩采用塔梁固结，墩梁分离，梁下设置支座的方法。这种方法虽然省去了一个主塔下的昂贵支座，但由于两个主塔的边界条件不同，导致了两个主塔的受力也有很大的区别。

为了保证两个主塔的构造相同，就必须保证两个不同边界条件的主塔受力大小基本相同。分析折线塔的受力特点，并结合索力的可调性，便可以从中找到解决问题的办法。由于活载效应在该种跨径斜拉桥下仅占总效应的20%左右，而恒载效应占绝大部分，因此，我们便可以通过调整施工阶段的斜拉索力来调整两个主塔的恒载内力，从而达到设计目的。因此，主塔根部的内力便成为混凝土折线塔斜拉桥施工阶段受力状态控制的要点之一。

由于主塔塔身存在折角，而折角处存在严重的应力集中现象，因此，在主塔造型已经确定，即折角位置已经确定的情况下，折角位置弯矩的大小便成为混凝土折线塔斜拉桥施工阶段受力状态控制的另一要点，我们可以同样根据调整施工阶段主塔折角位置以上的斜拉索索力来实现这一受力要求。

主塔内力的调整均是通过调整斜拉索的内力来实现的，而斜拉索力的调整又必须考虑到主梁的内力和变形情况，必须使得主梁的内力和变形满足受力要求，即主梁边跨及主跨的主梁应力应相对均匀变化，不宜有较大的突变，并且最大及最小应力均需满足规范要求且有一定的安全储备。另外，由于两个主塔的支承体系不同，在相同索力下，全桥主梁对称位置处的应力及变形不同，因此应通过索力的调整，尽量保证主梁对称位置处的应力及变形接近。

4.4.2 单索面 PC 折塔斜拉桥施工流程的确定

由于预应力混凝土折线塔斜拉桥是分阶段逐步完成的，并且从施工阶段到成桥阶段结构存在体系转换，因此，如果结构的计算结果能最大限度地接近成桥目标状态，就必须采用合理的计算方法对全桥的施工阶段进行准确的分析，以便为施工提供合理的受力和变形状态，严格控制各施工阶段的结构行为，使得最终的受力状态和成桥线型满足设计要求的理想成桥状态。

根据沈阳市富民桥的实际情况，结合施工阶段主塔和主梁受力状态的控制要求以及施工单位采取的滑动模架的施工方案，该桥的施工流程见表 4.2。

表 4.2　富民桥的施工流程

序号	施工内容	序号	施工内容
1	浇筑主塔桥墩	16	张拉第四对斜拉索
2	支架上现浇主梁 0# 块	17	移动模架移动后重新就位
3	浇筑主塔混凝土至塔高 29.4m 处	18	在模架上浇筑主梁 5# 块，同时浇筑主塔混凝土至塔高 42.9m
4	支架上现浇主梁 1# 块	19	张拉 5# 块主梁预应力钢束
5	张拉 0# 块、1# 块主梁预应力钢束	20	张拉第五对斜拉索
6	张拉第一对斜拉索	21	在模架上浇筑主梁 6# 块
7	移动模架就位	22	张拉 6# 块主梁预应力钢束
8	在模架上浇筑主梁 2# 块	23	张拉第六对斜拉索
9	张拉 2# 块主梁预应力钢束	24	在模架上浇筑主梁 7# 块，同时浇筑主塔混凝土至塔高 51.9m
10	张拉第二对斜拉索	25	张拉 7# 块主梁预应力钢束
11	在模架上浇筑主梁 3# 块	26	张拉第七对斜拉索
12	张拉 3# 块主梁预应力钢束	27	移动模架移动后重新就位
13	张拉第三对斜拉索	28	在模架上浇筑主梁 8# 块，同时浇筑主塔混凝土至塔高 67.5m
14	在模架上浇筑主梁 4# 块，同时浇筑主塔混凝土至塔高 33.9m	29	张拉 8# 块主梁预应力钢束
15	张拉 4# 块主梁预应力钢束	30	张拉第八对斜拉索

续表

序号	施工内容	序号	施工内容
31	在模架上浇筑主梁 9# 块	46	张拉 12# 块主梁预应力钢束
32	张拉 9# 块主梁预应力钢束	47	张拉第十二对斜拉索
33	张拉第九对斜拉索	48	在模架上浇筑主梁 13# 块
34	在模架上浇筑主梁 10# 块	49	张拉 13# 块主梁预应力钢束
35	张拉 10# 块主梁预应力钢束	50	张拉第十三对斜拉索
36	张拉第十对斜拉索	51	移动模架移动后重新就位
37	移动模架移动后重新就位	52	在模架上浇筑主梁 14# 块
38	在模架上浇筑主梁 11# 块	53	张拉 14# 块主梁预应力钢束
39	张拉 11# 块主梁预应力钢束	54	张拉第十四对斜拉索
40	张拉第十一对斜拉索	55	在模架上浇筑主梁 15# 块
41	满堂支架上现浇边跨无索区牛腿梁段	56	张拉 15# 块主梁预应力钢束
42	主梁边跨合拢	57	张拉第十五对斜拉索
43	张拉牛腿段主梁预应力钢束	58	中跨合拢
44	边跨压重施工	59	桥面系施工
45	在模架上浇筑主梁 12# 块	60	十年的收缩、徐变影响

4.4.3 单索面 PC 折塔斜拉桥施工阶段受力状态仿真计算

桥梁结构仿真计算是桥梁设计过程中调整结构细部尺寸以及施工控制的基本前提和重要的核心手段。预应力混凝土折线塔斜拉桥仿真计算的基础在于尽可能准确地模拟实际施工过程，选取与实际材料相吻合的计算参数，建立一个能够真实反映桥梁结构受力形态的有限元仿真模型。

4.4.3.1 计算模型

根据全桥的结构布置情况，采用平面杆系结构理论，将全桥离散为 285 个单元，其中主梁离散成 173 个平面梁单元，4# 墩塔柱离散成 30 个平面梁单元，5# 墩塔柱离散成 22 个平面梁单元，采用 60 个桁架单元模拟斜拉索。4# 墩柱底部固接，5# 墩顶部为水平向和竖直向单向支座，两个边墩处为竖直向单向支座。计算模型见图 4.9。

4.4.3.2 斜拉桥的几何非线性

引起斜拉桥几何非线性主要包括三个方面：缆索自重垂度、梁柱效应和大位移效应[99-101]。由于混凝土折线塔斜拉桥跨径不是很大，在本书的研究中不考虑梁柱效

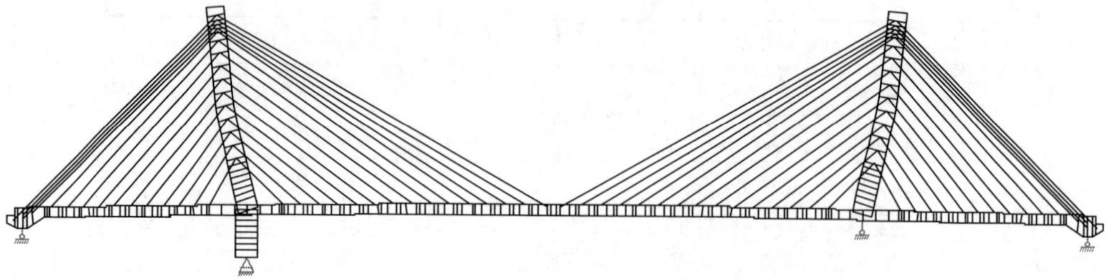

图 4.9 计算模型

应和大位移效应引起的几何非线性，而只考虑缆索自重垂度引起的几何非线性。

斜拉索两端的相对运动[102] 受到拉索自身 3 个方面因素的影响。

① 拉索受力后发生的弹性应变将受拉索材料的弹性模量控制。

② 拉索垂度变化与拉索材料应力无关，完全是几何变化的结果，受拉索内张力、索的长度和重力控制。拉索抗拉刚度随轴力的变化而变化，拉力若为零或受压，则抗拉刚度变为零。拉索垂度变化与索的拉力不是线性关系。

③ 拉索中各股钢丝在荷载作用下作相对运动，重新排列的结果使横截面更为紧密。这种由变形引起的伸长称为构造伸长，它发生在一定的张力以下，因此，可在缆索的制作过程中，采用预张拉的办法予以消除。

而拉索非永久性的伸长则可通过折减的有效弹性模量 E_{eq} 来考虑，E_{eq} 是独立于索内张力的量。

在考虑缆索自重垂度引起的几何非线性时，通常将几何非线性问题转化为材料非线性问题来处理，即采用 Ernst 公式修正拉索弹性模量来考虑缆索自重垂度引起的几何非线性。

根据以下两个基本假定：①斜拉索具有较高的初应力，缆索自重沿其对应的弦均匀分布；②只考虑垂直于弦的自重分量，忽略平行于弦的自重分量。Ernst 推导出缆索等效切线弹性模量 E_{eq} 的计算公式为：

$$E_{eq}=\frac{E}{1+[(\omega H)^2 AE/(12P^3)]} \tag{4.19}$$

式中 E——斜拉索的初始弹性模量；

H——斜拉索的水平投影长度；

A——斜拉索的截面积；

P——索两端的张拉力；

ω——索材料的每延米重量。

直接将 E_{eq} 代入斜拉索单元在局部坐标系下的单元刚度矩阵得：

$$[K]^{e}=\begin{bmatrix}AE_{eq}/L_{c} & -AE_{eq}/L_{c}\\ -AE_{eq}/L_{c} & AE_{eq}/L_{c}\end{bmatrix} \tag{4.20}$$

式中　L_c——斜拉索的索长。

4.4.3.3　斜拉索初张力的确定

根据预应力混凝土折线塔斜拉桥拉索初张力的确定原则以及全桥施工流程（全桥主要施工过程计算图示见图 4.10），对全桥进行正装计算，直到二者接近且达到设计要求为止，此时对应的施工索力即为拉索初张力。为了减少收敛次数，第一次正装迭代计算时，根据预应力混凝土折线塔斜拉桥的静力平衡特点来选择拉索初张力。经过上述正装迭代计算最终确定的各斜拉索首次张拉索力见表 4.3，拉索编号见图 2.1。

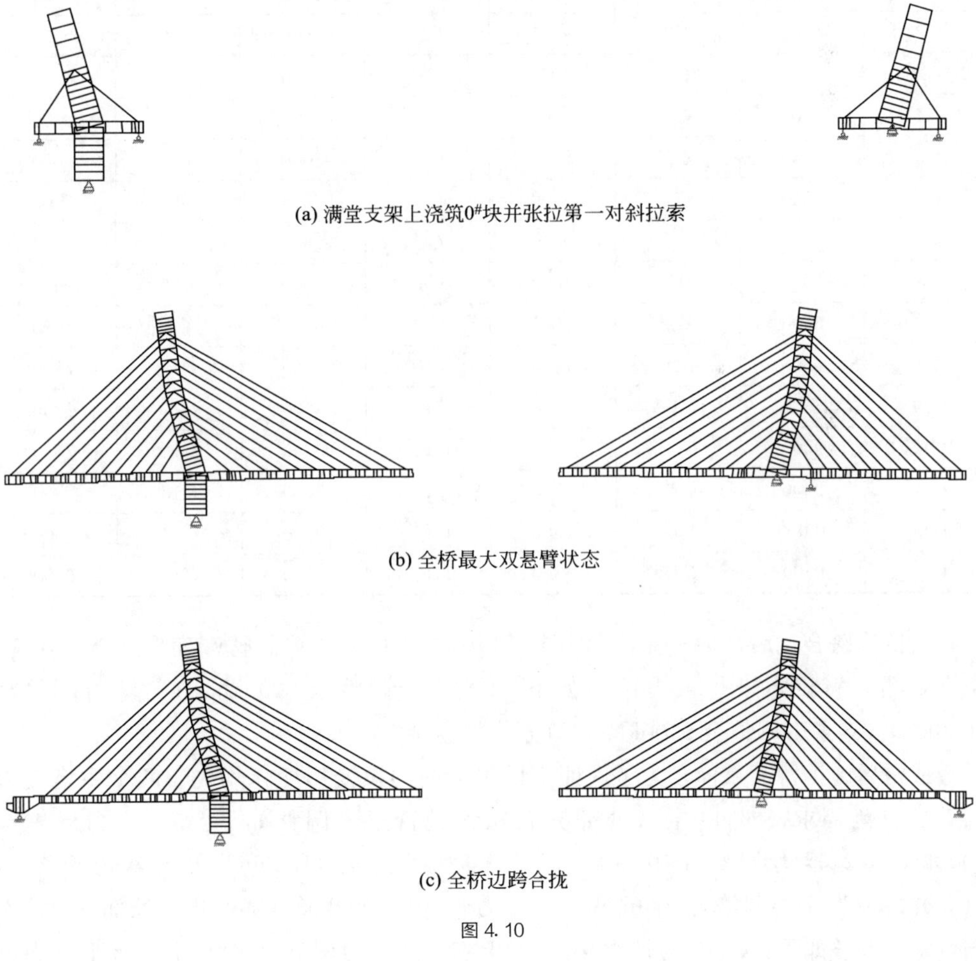

(a) 满堂支架上浇筑0#块并张拉第一对斜拉索

(b) 全桥最大双悬臂状态

(c) 全桥边跨合拢

图 4.10

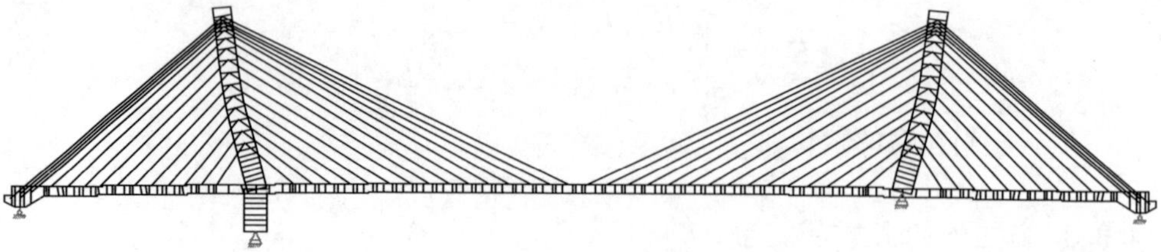

(d) 全桥合拢

图 4.10 全桥主要施工过程计算图示

表 4.3 各斜拉索首次张拉索力

4#墩处				5#墩处			
拉索编号	张拉索力/kN	拉索编号	张拉索力/kN	拉索编号	张拉索力/kN	拉索编号	张拉索力/kN
$C1'$	7500	$C1$	9000	$C1'$	4500	$C1$	9000
$C2'$	6500	$C2$	9500	$C2'$	6500	$C2$	9500
$C3'$	5500	$C3$	8000	$C3'$	5500	$C3$	8000
$C4'$	5500	$C4$	8000	$C4'$	5000	$C4$	8000
$C5'$	5500	$C5$	8500	$C5'$	6000	$C5$	8000
$C6'$	5500	$C6$	8000	$C6'$	6500	$C6$	7400
$C7'$	5500	$C7$	8000	$C7'$	5500	$C7$	7000
$C8'$	6000	$C8$	8000	$C8'$	6000	$C8$	7000
$C9'$	6000	$C9$	7500	$C9'$	6000	$C9$	7000
$C10'$	6500	$C10$	7500	$C10'$	6500	$C10$	7500
$C11'$	6500	$C11$	7500	$C11'$	6500	$C11$	7500
$C12'$	9500	$C12$	7500	$C12'$	9000	$C12$	7500
$C13'$	9500	$C13$	7500	$C13'$	9000	$C13$	7500
$C14'$	10000	$C14$	7500	$C14'$	9500	$C14$	7500
$C15'$	9500	$C15$	6500	$C15'$	9500	$C15$	6500

全桥边跨合拢后，为了保证两个主塔根部内力以及主梁悬臂端变形接近，对5#主墩处部分斜拉索进行索力调整如下：$C6$ 索力调整至 8000kN，$C7$ 索力调整至 8000kN，$C8$ 索力调整至 8000kN，$C9$ 索力调整至 7500kN。

成桥后施工桥面系前，为了保证全桥主梁内力及变形变化均匀、两个主塔受力均满足规范要求，对4#主墩处部分斜拉索进行索力调整如下：$C1'$索力调整至 9000kN，$C2'$索力调整至 9000kN，$C1$ 索力调整至 11000kN，$C2$ 索力调整至 11500kN，$C3$ 索力调整至 9000kN，$C4$ 索力调整至 9000kN。对5#主墩处部分斜拉索进行索力调整如下：$C1$ 索力调整至 10000kN，$C2$ 索力调整至 10000kN，$C1'$索力调整至 10000kN，$C2'$索力调整至 10500kN。

各主要工况下主塔内力见表 4.4。

表 4.4　各主要工况下主塔内力

荷载工况	截面位置	内力值	截面抗力
边跨合拢前	4#墩塔根部弯矩	$M=-51600kN\cdot m$；$N=129000kN$	$N_R=4.47\times10^5kN\geqslant N_j=1.29\times10^5kN$
	4#墩塔折角弯矩	$M=72100kN\cdot m$；$N=64600kN$	$N_R=3.7\times10^5kN\geqslant N_j=6.46\times10^4kN$
	5#墩塔根部弯矩	$M=-30500kN\cdot m$；$N=127000kN$	$N_R=4.64\times10^5kN\geqslant N_j=1.27\times10^5kN$
	5#墩塔折角弯矩	$M=50000kN\cdot m$；$N=64300kN$	$N_R=4.12\times10^5kN\geqslant N_j=6.43\times10^4kN$
成桥恒载下	4#墩塔根部弯矩	$M=31100kN\cdot m$；$N=207000kN$	$N_R=4.75\times10^5kN\geqslant N_j=2.07\times10^5kN$
	4#墩塔折角弯矩	$M=134000kN\cdot m$；$N=127000kN$	$N_R=3.77\times10^5kN\geqslant N_j=1.27\times10^5kN$
	5#墩塔根部弯矩	$M=-101000kN\cdot m$；$N=206000kN$	$N_R=4.37\times10^5kN\geqslant N_j=2.06\times10^5kN$
	5#墩塔折角弯矩	$M=110000kN\cdot m$；$N=129000kN$	$N_R=4.02\times10^5kN\geqslant N_j=1.29\times10^5kN$
使用阶段	4#墩塔根部弯矩	$M=161000kN\cdot m$；$N=180000kN$	$N_R=3.95\times10^5kN\geqslant N_j=1.8\times10^5kN$
	4#墩塔折角弯矩	$M=229000kN\cdot m$；$N=173000kN$	$N_R=3.46\times10^5kN\geqslant N_j=1.73\times10^5kN$
	5#墩塔根部弯矩	$M=125000kN\cdot m$；$N=174000kN$	$N_R=4.12\times10^5kN\geqslant N_j=1.74\times10^5kN$
	5#墩塔折角弯矩	$M=203000kN\cdot m$；$N=164000kN$	$N_R=3.554\times10^5kN\geqslant N_j=1.64\times10^5kN$
使用阶段	4#墩塔根部弯矩	$M=133000kN\cdot m$；$N=282000kN$	$N_R=4.39\times10^5kN\geqslant N_j=2.82\times10^5kN$
	4#墩塔折角弯矩	$M=217000kN\cdot m$；$N=176000kN$	$N_R=3.56\times10^5kN\geqslant N_j=1.76\times10^5kN$
	5#墩塔根部弯矩	$M=167000kN\cdot m$；$N=281000kN$	$N_R=4.25\times10^5kN\geqslant N_j=2.81\times10^5kN$
	5#墩塔折角弯矩	$M=190000kN\cdot m$；$N=174000kN$	$N_R=3.73\times10^5kN\geqslant N_j=1.74\times10^5kN$

4.5 本章小结

本章介绍了斜拉桥合理成桥恒载索力优化和拉索初张力的确定方法，详细论述了预应力混凝土折线塔斜拉桥整体平衡和局部平衡的力学特征，并根据平衡特征，给出预应力混凝土折线塔斜拉桥主要构件尺寸的确定方法，再进一步结合本书的研究背景——沈阳市富民桥，给出预应力混凝土折线塔斜拉桥合理成桥恒载索力优化方法以及施工阶段初张力的确定方法。主要结论如下。

① 从预应力混凝土折线塔斜拉桥的整体平衡的公式可以看出，预应力混凝土折线塔斜拉桥的完全平衡状态只是恒载状况下的一种特殊情况，对于实际的预应力混凝土折线塔斜拉桥，不仅仅需要考虑成桥恒载状态下的全桥受力状态，还需要考虑桥梁实际施工过程以及后期承受的活载、温度力等荷载作用，并通过研究活载以及施工过程等其他因素对桥梁平衡状态的影响，来修正预应力混凝土折线塔斜拉桥结构的局部尺寸以及适当调整斜拉索力，从而保证预应力混凝土折线塔斜拉桥处于较好的受力状态。

② 根据预应力混凝土折线塔斜拉桥平衡公式可知：对于折线塔斜拉桥来说，若主塔各节段受力状态均满足局部平衡要素之间的关系，则必然满足整体平衡下的受力状态，反之则不成立。

③ 当根据预应力混凝土折线塔斜拉桥的静力平衡特征确定了边、中跨主梁及主塔断面尺寸后，便可采用最小弯曲能量法确定预应力混凝土折线塔斜拉桥合理成桥恒载索力。

④ 预应力混凝土折线塔斜拉桥的合理成桥恒载索力距离主塔由近至远呈现由大至小、再由小至大的分布规律，且为了平衡折线塔的重量，中跨索力大于边跨索力。

⑤ 由于两个主塔的支撑体系不同，尽管斜拉桥主要以承受恒载为主，但为了保证在全部荷载作用下，对称位置处的主梁应力及变形尽量接近，所以两个主塔相应位置处的索力大小不同。

⑥ 考虑主塔施工阶段的受力特点，确定主塔的浇筑顺序，对全桥进行正装计算，采用最小二乘法确定拉索初张力。为了减少收敛次数，第一次正装迭代计算时，根据预应力混凝土折线塔斜拉桥的静力平衡特点来选择拉索初张力。

chapter 5

第5章

单索面PC折塔斜拉桥主梁剪力滞效应的研究

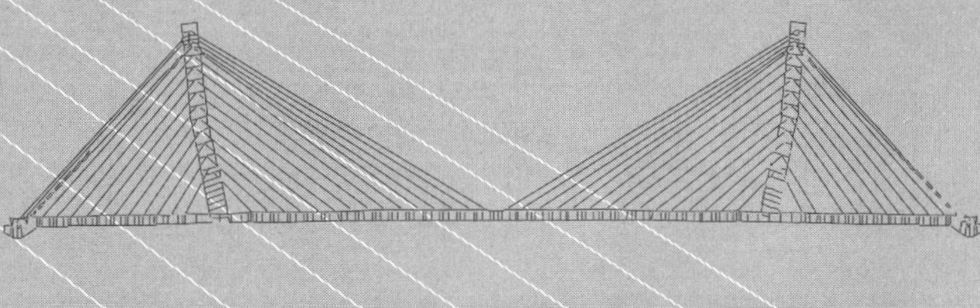

斜拉桥结构体系复杂，在施工过程中随着施工阶段的推进，结构构件、梁段数量不断增加，结构体系不断发生变化，在结构合拢和斜拉索全部张拉完成后，斜拉桥成桥状态的几何线形和内力状况均发生了变化，其空间效应表现明显，平面分析的结果已很难反应桥梁的实际受力情况[103]，必须进行空间分析才能考虑这些复杂因素。

5.1 单索面 PC 折塔斜拉桥有限元分析模型

为获得和真实结构更为接近的内力特性，斜拉桥的计算模式应着重于结构的刚度、荷载和边界条件的模拟，使其尽量与实际情况相符[78]。结构的刚度模拟主要指各构件的弯曲刚度、轴向刚度、剪切刚度、扭转刚度、翘曲刚度模拟以及各杆件之间的相互连接刚度模拟。荷载模拟主要指构件所受的外力和内力模拟，可通过一些现有的资料或规范得到。另外，边界条件的模拟应和结构的支承条件如支座形式、基础形式等相符。它们处理是否得当，对斜拉桥的分析至关重要[104]。

5.1.1 主梁的模拟

斜拉桥主梁的模拟方式可划分为以下几种[105]。

(1) Π形模式

Π形模式是将原主梁的质量系统和刚度系统分开处理。中间主梁位于桥面对称平面内的剪切中心处，把原主梁的刚度集中在中间主梁上。在桥面两侧引入集中质量元，将桥面系质量分配到两侧的质量元上，质量元竖向位置设在通过截面质心的水平线上，其横桥向距离等于原桥面两片边主梁之间的距离。主梁与质量元单元的连接通过竖向和水平刚臂单元实现，如图 5.1 所示。

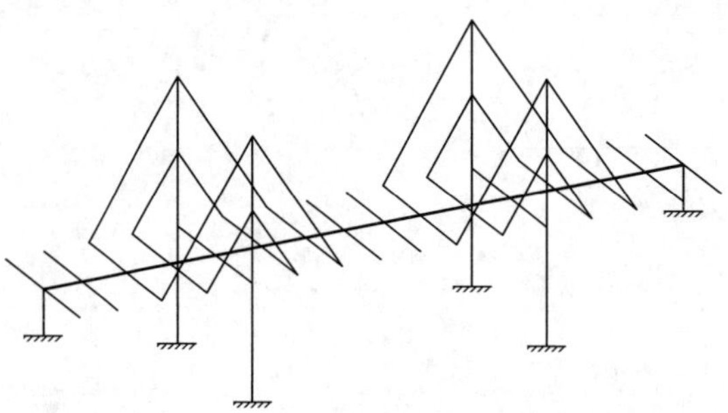

(a) 整体模型

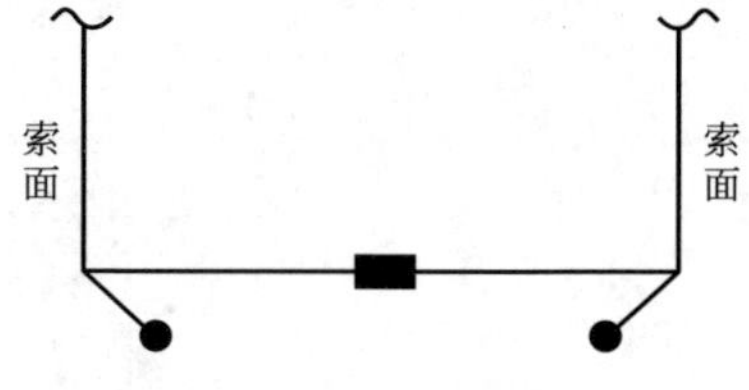

(b) 主梁单元模拟

图 5.1 Π形模式

Π形模式把质量系统和刚度系统放在各自对应的位置上，能比较正确地反映截面实际受力情况。但其节点和杆件数量增加，计算工作量增大。

(2) 脊梁模式

它将原主梁处理为顺桥向横鱼骨和单根主梁，横鱼骨、主梁采用三维梁单元模拟，如图 5.2 所示。原主梁的剪切刚度、扭转刚度、弯曲刚度、轴向刚度均集中到主梁上，主梁单元的每个节点通过与主梁垂直的两根横鱼骨与索单元相连，主梁的质量根据材料特性和截面采用分布质量的形式；或将其分配到两端的节点上，通过引入集中质量矩形式来考虑主梁的扭转惯性。脊梁模式的优点是主梁的质量系统和刚度系统是正确的。但主梁的翘曲刚度和横梁的刚度不能充分考虑。

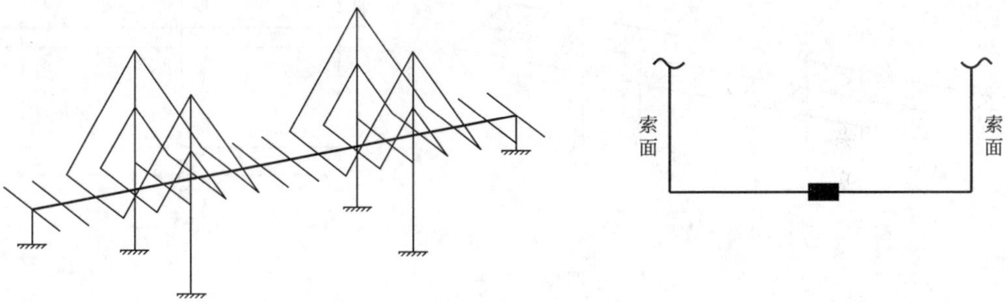

(a) 整体模型　　(b) 主梁单元模拟

图 5.2　脊梁模式

(3) 双主梁模式

该桥面由两片主梁组成，用横梁作为中间联系，如图 5.3 所示。主梁的竖弯刚度和面积取全断面的一半，采用挠度相等原理计算横向抗弯刚度的等代刚度，桥面质量堆聚在中间横梁和两侧主梁上。

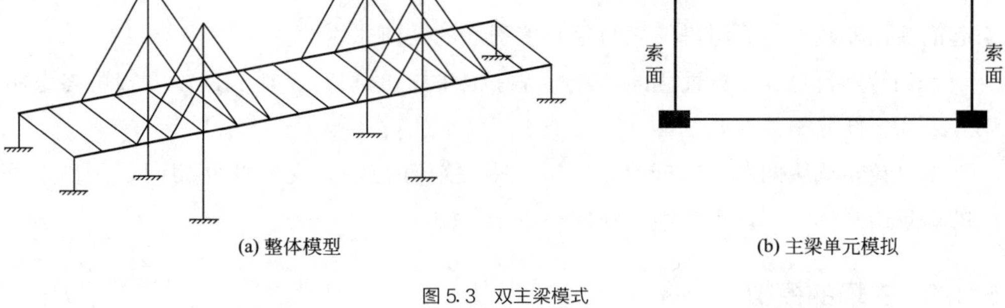

(a) 整体模型　　(b) 主梁单元模拟

图 5.3　双主梁模式

与脊梁模式和Π形模式相比，双主梁模式的两片主梁位于桥面的两侧，可提供部分横向的抗弯刚度，横梁刚度的模拟较符合实际。但双主梁模式很难使桥面侧向具有等效的刚度，容易导致桥面侧向变形的失真。

（4）三主梁模式

由在桥轴线上的中主梁（1号）和位于索面处的两片边主梁（2号）构成了三主梁模式，三片主梁通过节点间的主从关系或刚性横梁连接，如图5.4所示。边主梁和中主梁的截面特性要根据与全截面质量系统的等效、自由扭转刚度的等效、翘曲刚度的等效、竖向刚度的等效和侧向刚度的等效来确定。

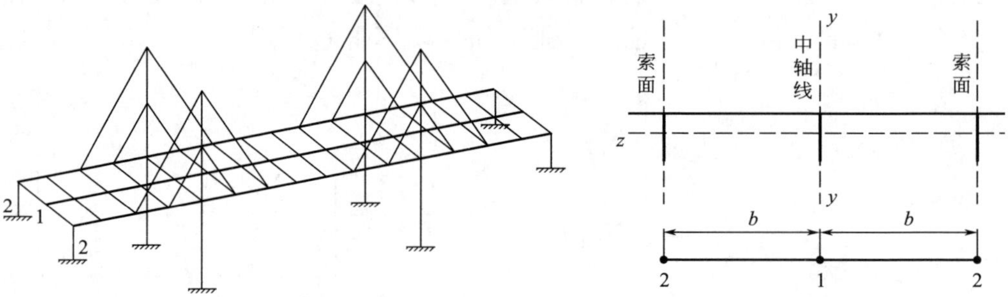

(a) 整体模型　　(b) 主梁

图5.4　三主梁模式

b—边主梁与中主梁的距离

（5）精细化有限元模型

对于复杂的桥梁，采用杆系有限元建模时需要对结构作大量简化，可能导致一定的误差。因此，往往需采用板壳单元、实体单元与杆系单元一起来模拟桥梁结构。

5.1.2　拉索的模拟

斜拉桥的几何非线性包括三个方面：大位移效应、梁柱效应和缆索自重垂度[99-101]。由于本书中斜拉桥跨径不是很大，在研究中不考虑大位移效应和梁柱效应引起的几何非线性，只考虑缆索自重垂度引起的几何非线性。

受到拉索自身3个方面因素影响了斜拉索两端的相对运动，具体内容可参考本书4.5.3.2部分相关内容。

本书拉索选用两节点的杆单元模拟，刚度矩阵与轴向受力杆件相同，而自重垂度的影响由式(5.1)计算的等效弹性模量来考虑。

5.1.3　主塔的模拟

主塔采用一系列的梁单元来模拟，其中主塔可划分为若干个单元，在索锚固点和截面变化处为梁单元的自然节点。当横梁和塔臂很强时，考虑各构件转动惯量、剪切变形以及两者连接部位的尺度效应，可在塔柱和横梁连接处之间引入刚臂单元。

本书将用到 Midas/Civil 的受拉桁架单元模拟拉索、梁单元模拟主塔、实体单元模拟主梁。受拉桁架单元只能传递轴向的拉力，它的两端各有一个沿单元坐标系 x 轴方向的位移，它具有两个自由度。梁单元由 2 个节点构成的，它具有拉、压、剪、弯、扭的变形刚度，梁单元的每个节点都具有三个方向的线性移动位移和三个方向的旋转位移，即每个节点具有 6 个自由度。实体单元利用 6 个节点四面体构成 3 维实体单元，每个节点都具有 3 个方向的线性位移自由度。

受拉桁架单元与梁单元的连接采用共节点的形式进行处理，Midas/Civil 程序自动将同类型的自由度进行耦合。受拉桁架单元与 3 维实体单元的连接需要将桁架单元的节点与实体单元的桁架单元厚度范围内的所有节点都进行刚性连接，一个平面上的实体单元的节点通过刚性连接约束起来，实体部分与之连接的截面内的节点始终在一个平面内。

5.2 单索面 PC 折塔斜拉桥有限元分析模型的建立

5.2.1 主要材料及力学指标

（1）主塔、主梁

主塔、主梁均采用 C50 混凝土，弹性模量 $E=3.5\times10^4$ MPa，容重 $\rho=26\text{kN/m}^3$，泊松比 $\mu=0.2$。

（2）斜拉索

斜拉索采用直径为 7mm 的低松弛镀锌钢丝，容重 $\rho=82\text{kN/m}^3$（考虑了保护层以后的折算容重），弹性模量 $E=1.95\times10^5$ MPa，泊松比 $\mu=0.3$。

（3）预应力

$\phi^{S}15.2$ 钢绞线，弹性模量 $E=1.95\times10^5$ MPa，容重 $\rho=78.5\text{kN/m}^3$，泊松比 $\mu=0.3$；

$\phi^{P}5$ 高强碳素钢丝，弹性模量 $E=2.05\times10^5$ MPa，容重 $\rho=78.5\text{kN/m}^3$，泊松比 $\mu=0.3$。

5.2.2 有限元模型的假定

计算中进行以下假定。

① 视塔身、主梁结构为匀质弹性体。

② 预应力的处理是三维实体分析的难点，其模拟的准确与否是此类结构分析成功与否的关键。在有限元计算里加预应力一般有三种方式：a. 直接在单元中加；b. 直接加载到关键点；c. 用温度变化模拟。由于该模型分析关注的是主梁的受力特点，因此为了简化分析，本模型预应力采用直接加载到关键点上的方式模拟预应力。

5.2.3 有限元分析模型的建立

将主梁离散为三维实体单元集合模型，采用 6 节点四面体单元划分，塔采用梁单元模拟、拉索采用只受拉桁架单元模拟，全桥共计 3470 个梁单元、120 个桁架单元及 29787 个实体单元，节点共计 52631 个，斜拉桥的空间有限元模型如图 5.5 所示。

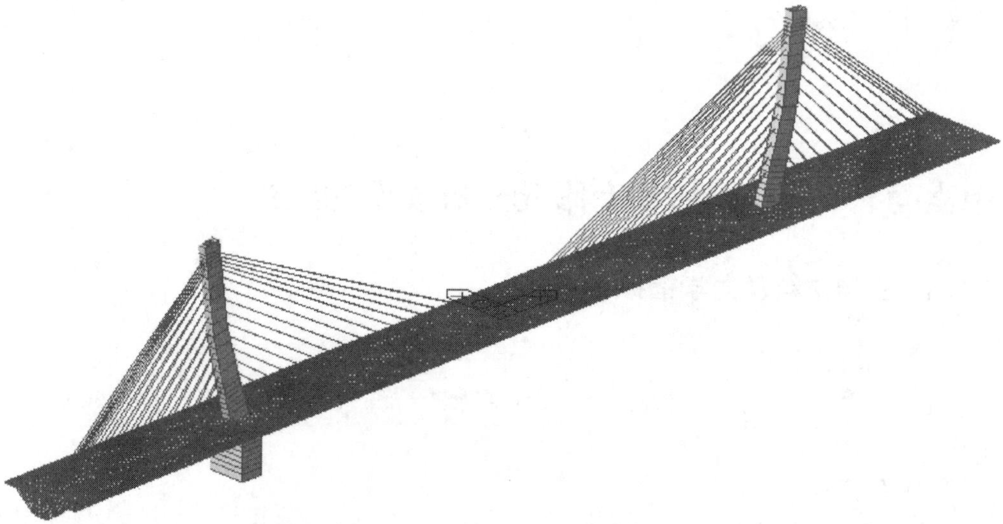

图 5.5 斜拉桥的空间有限元模型

5.3 单索面 PC 折塔斜拉桥主梁剪力滞效应分布规律

5.3.1 单索面 PC 折塔斜拉桥主梁剪力滞系数讨论

对压弯荷载作用下剪力滞系数的求解，是将压弯荷载分解为弯矩作用和轴力作用的叠加，计算弯矩和轴力单独作用下的主梁正应力，假定轴力由全截面来承担，即轴力所产生的正应力沿截面均匀分布，弯矩产生的正应力按比拟杆法或能量变分法求解，最后将结果线性叠加求出综合剪力滞效应系数，同时考虑了轴力影响的弯矩增大系数 μ。单索面 PC 斜拉桥主梁张拉索力时，在这些集中荷载作用点处，出现了较大的应力集中，改变了顶板的应力分布规律，仅假定轴力由全截面来承担和考虑轴力影响的弯矩增大系数，不能反映出单索面 PC 斜拉桥主梁实际的内力情况。内力产生的纵向正应力的分布不均匀性，其大小和分布规律应与内力状态，即弯矩和轴力有关，本节将弯矩产生的剪力滞系数 λ_M、轴力产生的剪力滞系数 λ_N 分别计入，求解叠加后的剪力滞系数 λ。

剪力滞系数 λ 的计算表达式如下：

$$\lambda=\frac{\sigma}{\bar{\sigma}} \tag{5.1}$$

式中 σ——实际应力；

$\bar{\sigma}$——名义应力。

剪力滞系数与宽跨比、支承条件、荷载形式、截面形状和尺寸、材料性质以及截面所处的位置等因素有关[106-111]，但是归根结底，剪力滞是由内力产生的纵向正应力的分布不均匀性引起的，其大小和分布规律应与内力状态，即弯矩和轴力有关。

其中，实际应力 σ 与名义应力 $\bar{\sigma}$ 均为弯矩和轴力产生的正应力的叠加。如果定义弯矩产生的剪力滞系数为 λ_M，轴力产生的剪力滞系数为 λ_N，叠加后的剪力滞系数为 λ，则有：

$$\lambda=\frac{\sigma_N+\sigma_M}{\bar{\sigma}_N+\bar{\sigma}_M}=\frac{\lambda_N\bar{\sigma}_N+\lambda_M\bar{\sigma}_M}{\bar{\sigma}_N+\bar{\sigma}_M} \tag{5.2}$$

式中 $\bar{\sigma}_N$，$\bar{\sigma}_M$——分别为弯矩和轴力产生的名义正应力；

σ_N，σ_M——分别为弯矩和轴力产生的实际正应力。

式(5.2) 右端分子分母同时除以 $\bar{\sigma}_N$ 则该式可变为：

$$\lambda=\frac{\lambda_N+\lambda_M\dfrac{\bar{\sigma}_M}{\sigma_N}}{1+\dfrac{\bar{\sigma}_M}{\sigma_N}} \tag{5.3}$$

又有 $\bar{\sigma}_M=\dfrac{M}{I}y$，$\bar{\sigma}_N=\dfrac{N}{A}$，则：$\dfrac{\bar{\sigma}_M}{\sigma_N}=\dfrac{yA}{I}\cdot\dfrac{M}{N}$，令 $\dfrac{yA}{I}=C$，代入式(5.5)，则有：

$$\lambda=\frac{\lambda_N+C\lambda_M\dfrac{M}{N}}{1+C\dfrac{M}{N}} \tag{5.4}$$

式中　y——截面形心到上下缘的距离；

A——截面面积；

I——截面惯性矩；

M，N——截面所受的弯矩和轴力。

从式(5.4) 可以看出 y，A，I 都是截面固有的参数，λ_N，λ_M 分别为轴力和弯矩引起的剪力滞系数，它与内力的大小无关，所以一旦确定了 λ_N 和 λ_M，总的剪力滞系数 λ 就只与弯矩和轴力的比值有关。

图 5.6 给出了取 $\lambda_M=2$、$\lambda_N=1$ 时，剪力滞系数随弯矩轴力比的变化曲线，以富民斜拉桥主梁横断面上翼缘为例，$C=\dfrac{yA}{I}=1.01$。

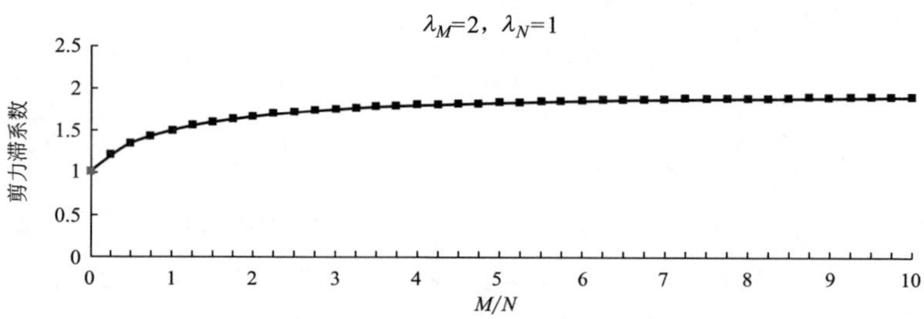

图 5.6　剪力滞系数与弯矩轴力比的关系图

由图 5.6 可以看出，随着弯矩轴力比的增大，总剪力滞系数 λ 逐渐趋于弯矩剪力滞系数 λ_M；而当弯矩轴力比逐渐减小到 0 时，总剪力滞系数 λ 也逐渐减小直到等于轴力剪力滞系数 λ_N。弯矩轴力比在 0～2 之间时，总剪力滞系数 λ 的变化明显，且 λ_M 越大，总剪力滞系数 λ 变化越大。弯矩轴力比大于 2 时，总剪力滞系数 λ 则变化缓慢，也就是说断面内力中，弯矩和轴力谁占的比例大，断面的总剪力滞系数 λ 就越接近于此项内力所引起的剪力滞系数（λ_M 或 λ_N）。

对于一般梁桥而言，弯矩是主要内力，故其断面剪力滞系数 λ 接近于 λ_M。但是对于混凝土斜拉桥而言，主梁处于压弯状态，并以承受轴力为主，其剪力滞系数 λ 应更接近于 λ_N。

5.3.2　单索面 PC 折塔斜拉桥主梁剪力滞效应沿纵桥向有限元分析

斜拉桥主梁截面受力复杂，本章以有限元法为主，如第 4 章所述将主梁离散为三维实体单元集合模型，采用 6 节点四面体单元划分，塔采用梁单元模拟、拉索采用只受拉桁架单元模拟，全桥共计 3470 个梁单元、120 个桁架单元及 29787 个实体单元，节点共计 52631 个，计算参数选取同本书第 4 章。

斜拉桥施工过程是一个动态过程，不同工况、不同梁段的主梁截面中应力是不同的，为了了解施工阶段主梁截面上缘剪力滞系数沿纵向全长的分布规律，取出了主梁横截面上缘的几个关键节点沿纵向全长的剪力滞系数计算结果，为了叙述的方便，将主梁横截面上缘关键部位的点分别用大写的英文字母作标记，A～D 点距横向对称线的距离分别为 0m、－2m、－11m、－16m，各点的横向位置如图 5.7 所示。

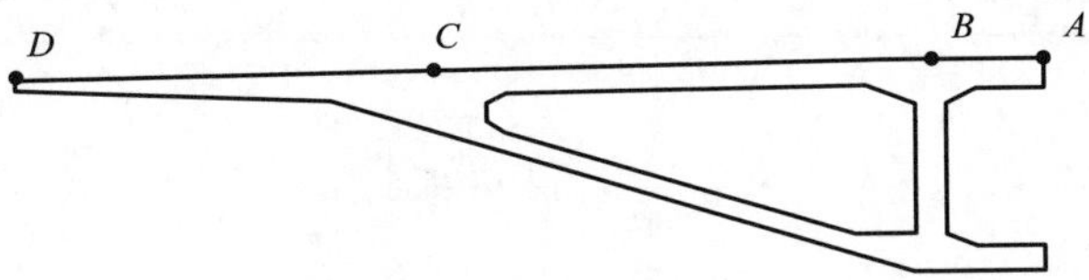

图 5.7 主梁横截面各点位置示意

由于篇幅有限，同第 4 章仅详细给出以下五种典型工况主梁截面上缘剪力滞系数沿纵向全长的分布情况，来详细分析施工过程中的主梁截面剪力滞效应。①张拉 $C4$（$C4'$）索力后；②张拉 $C10$（$C10'$）索力后；③边跨合拢，5 号墩调索，张拉 $C11$（$C11'$）索力后；④张拉 $C14$（$C14'$）索力后；⑤张拉 $C15$（$C15'$）索，完成中跨合拢，同时卸合拢配重后。各工况的边界条件同第 4 章。

5.3.2.1 工况 1 剪力滞效应沿纵桥向有限元结果及分析

在自重和索力作用下，工况 1 的主梁截面上翼缘剪力滞系数沿纵桥向分布见图 5.8。在上翼缘关键点的剪力滞系数纵向分布中，以主梁横截面上缘的中点（A 点）与上缘与中腹板的交界点（B 点）变化最为剧烈。

4# 桥墩处，悬臂端部的剪力滞系数突变是由于张拉 $C4$（$C4'$）索力的作用，在这些集中荷载作用点处，出现了较大的应力集中，改变了上翼缘的应力分布规律。可以看到施工阶段在索力的作用下，距离索力作用点较近处，主梁截面上缘表现出索力张拉区域剪力滞效应更为显著的特点，A 点在此处剪力滞系数 λ 达到 4.18，B 点剪力滞系数 λ 达到 3.07；随着主梁截面距离索力作用点的增大，主梁应力分布较均匀，以上结论与第 4 章相同。

4# 桥墩 $C3$～$C1$（$C3'$～$C1'$）每个梁段内表现出相似的分布规律，索力作用点处 A、B 点剪力滞系数突出，A 点在索力作用点处剪力滞系数 λ 变化范围为 2.22～2.71，B 点在索力作用点处剪力滞系数 λ 变化范围为 1.22～2.12；在索力作用点之间的梁段应力分布较均匀，A 点剪力滞系数 λ 变化范围为 1.15～1.16，B 点剪力滞系数 λ 变化范围为 1.12～1.40，C 点剪力滞系数 λ 变化范围为 1.09～1.26。

4# 桥墩塔根部截面由于横梁的存在造成了上翼缘应力分布的改变，主梁横截面

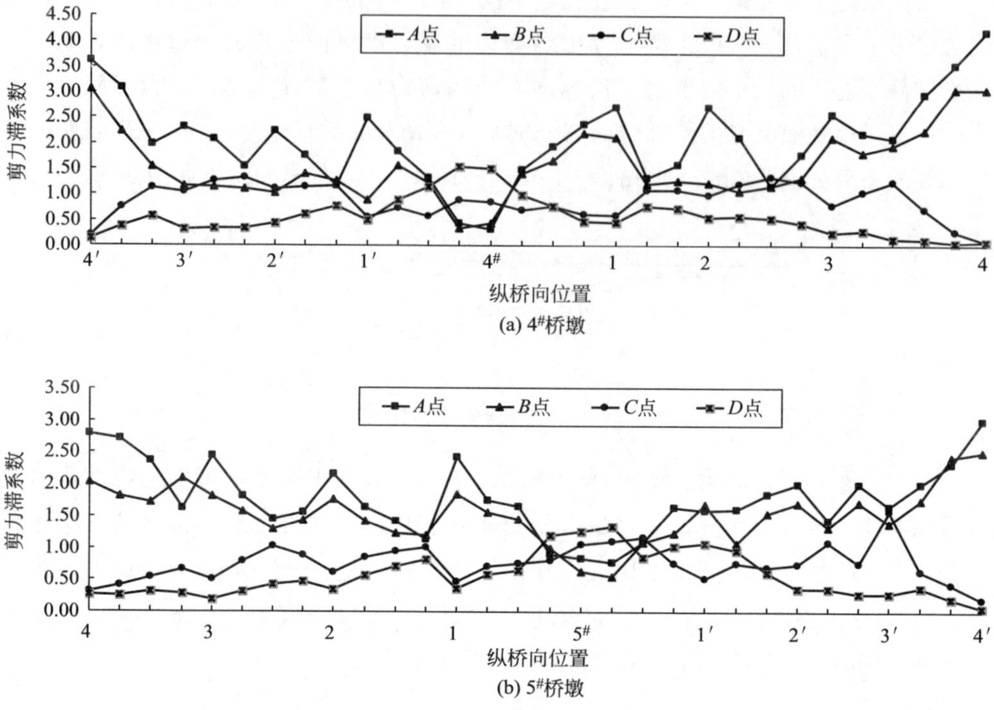

图 5.8　上翼缘剪力滞系数沿纵桥向分布（工况 1）

上缘伸臂端部 D 点变化最为剧烈。在塔根附近 D 点剪力滞系数 λ 变化范围为 1.14～1.54，较其他梁段，D 点剪力滞系数变化明显。

5# 桥墩悬臂端部、索力作用点及 $C3$～$C1$（$C3'$～$C1'$）梁段内变化规律与 4# 桥墩相似，在张拉 $C4$（$C4'$）索力的作用下，A 点在此处剪力滞系数 λ 达到 3.00，B 点剪力滞系数 λ 达到 2.50；随着主梁截面距离索力作用点的增大，主梁应力分布较均匀。

5# 桥墩 $C3$～$C1$（$C3'$～$C1'$）每个梁段内表现出相似的分布规律，索力作用点处 A、B 点剪力滞系数突出，A 点在索力作用点处剪力滞系数 λ 变化范围为 1.57～2.44，B 点在索力作用点处剪力滞系数 λ 变化范围为 1.38～1.84；在索力作用点之间的梁段应力分布较均匀，A 点剪力滞系数 λ 变化范围为 1.41～1.66，B 点剪力滞系数 λ 变化范围为 1.07～1.57，C 点剪力滞系数 λ 变化范围为 0.75～1.08。

5# 桥墩在塔根附近 D 点剪力滞系数 λ 变化范围为 1.20～1.33，较其他梁段，D 点剪力滞系数变化明显。

在 5# 桥墩右侧 $C1'$ 索力处，A、B 点剪力滞系数变化较其他索力作用点处较弱，主要是由于设置了临时支撑的原因，由于临时墩反力较小，使得两侧的剪力滞效应依然比较相似。

该工况在自重和索力作用下，单索面 PC 斜拉桥主梁截面上缘剪力滞效应沿纵桥向变化的主要特点如下。

① 施工阶段在索力的作用下，距离索力作用点较近处，主梁截面上缘表现出索力张拉区域剪力滞效应更为显著的特点，随着主梁截面距离索力作用点的增大，主梁应力分布较均匀。

② $C3$～$C1$（$C3'$～$C1'$）梁段内，索力作用点处主梁截面上缘表现出张拉区域剪力滞效应突出的特点，在索力作用点之间的梁段应力分布较均匀，表现出普通弯曲箱梁剪力滞的分布特点。

③ 塔根部主梁横截面上缘伸臂端部剪力滞系数变化最为剧烈，在塔根附近表现出由正剪力滞效应转化为负剪力滞效应的现象。

④ 受临时支撑的影响，$5^{\#}$ 桥墩右侧 $C1'$ 索力处，剪力滞系数变化较其他索力作用点处较弱，但临时墩反力较小，使得两侧的剪力滞效应依然比较相似。

5.3.2.2 工况 2 剪力滞效应沿纵桥向有限元结果及分析

该工况为最大双悬臂阶段，从上翼缘剪力滞系数沿纵桥向分布图 5.9 可以看出，主梁上翼缘剪力滞系数纵向分布很不均匀，但在悬臂端部、塔根部、其他大部分梁段内表现出与工况 1 相似的分布规律。

$4^{\#}$ 桥墩处，悬臂端部在张拉 $C10$（$C10'$）索力的作用下，A 点在此处剪力滞系数 λ 达到 3.30，B 点剪力滞系数 λ 达到 2.40。$4^{\#}$ 桥墩 $C9$～$C1$（$C9'$～$C1'$）梁段内，索力作用点处 A、B 点剪力滞系数突出，A 点在索力作用点处剪力滞系数 λ 变化范围为 1.55～2.22，B 点在索力作用点处剪力滞系数 λ 变化范围为 1.33～1.96；在索力作用点之间的梁段应力分布较均匀，A 点剪力滞系数 λ 变化范围为 1.03～1.33，B 点剪力滞系数 λ 变化范围为 1.03～1.37，C 点剪力滞系数 λ 变化范围为 1.00～1.03。$4^{\#}$ 桥墩在塔根附近 D 点剪力滞系数 λ 变化范围为 0.90～1.38，较其他梁段，D 点剪力滞系数变化明显。

$5^{\#}$ 桥墩处，悬臂端部在张拉 $C10$（$C10'$）索力的作用下，A 点在此处剪力滞系数 λ 达到 3.35，B 点剪力滞系数 λ 达到 2.50。$5^{\#}$ 桥墩 $C9$～$C1$（$C9'$～$C1'$）梁段内，索力作用点处 A、B 点剪力滞系数突出，A 点在索力作用点处剪力滞系数 λ 变化范围为 1.55～2.54，B 点在索力作用点处剪力滞系数 λ 变化范围为 1.41～2.03；在索力作用点之间的梁段应力分布较均匀，A 点剪力滞系数 λ 变化范围为 1.22～1.35，B 点剪力滞系数 λ 变化范围为 1.06～1.42，C 点剪力滞系数 λ 变化范围为 0.98～1.00。$5^{\#}$ 桥墩在塔根附近 D 点剪力滞系数 λ 变化范围为 0.65～0.98。

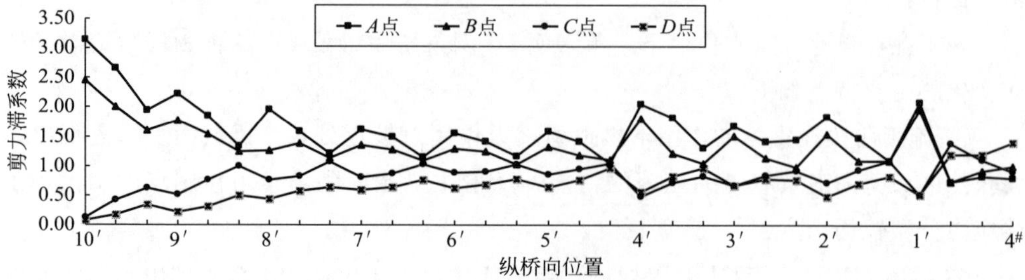

(a) 4#桥墩左侧

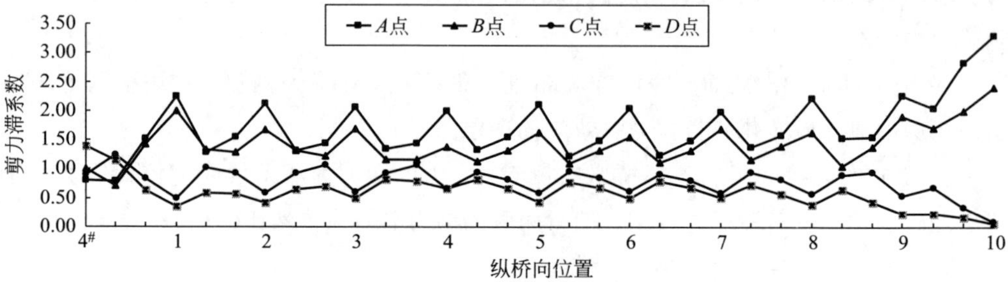

(b) 4#桥墩右侧

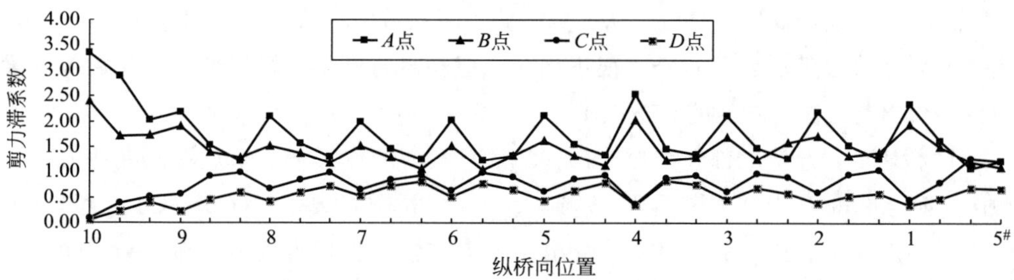

(c) 5#桥墩左侧

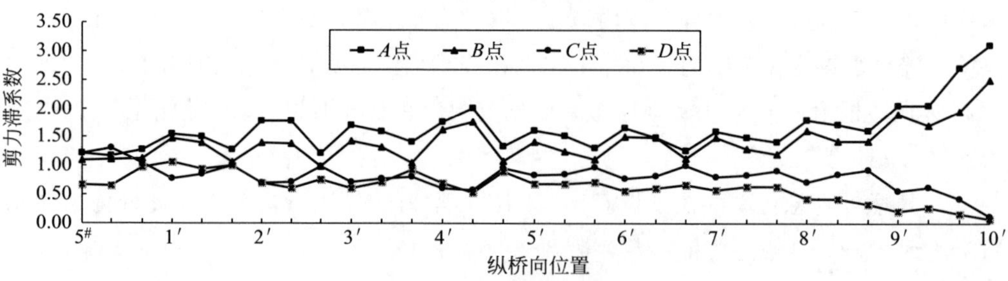

(d) 5#桥墩右侧

图 5.9　上翼缘剪力滞系数沿纵桥向分布（工况 2）

该工况在自重和索力作用下，单索面 PC 斜拉桥主梁截面上缘剪力滞效应沿纵桥向的主要特点同以上工况，并且表现出随着索力的增加，主梁截面剪力滞效应有所降低的趋势。

5.3.2.3 工况3剪力滞效应沿纵桥向有限元结果及分析

该工况由于边跨已经合拢，受到边跨支承条件变化的影响，边跨主梁的剪力滞效应比最大双悬臂阶段减小了。由于边跨现浇段采用的是单箱三室断面，而且梁上作用有压重，所以边跨附近剪力滞效应与悬臂浇筑的梁段不一样。而边跨 $C9'$～$C1'$ 这些梁段的剪力滞系数沿纵桥向分布规律与最大双悬臂阶段相比没有多大变化，只是数值上有所减小。这说明边跨合拢后，对已浇梁段的剪力滞效应起减小作用，但没有改变其分布规律。

与边跨相比，中跨的边界条件没有发生变化而是继续悬臂浇筑，所以中跨梁段的剪力滞系数沿纵桥向分布规律没有发生改变。

从图5.10中可看出，4[#]桥墩处，悬臂端部在张拉 $C11$ 索力的作用下，A 点在此处剪力滞系数 λ 达到3.35，B 点剪力滞系数 λ 达到2.38。4[#]桥墩 $C9$～$C1$（$C9'$～$C1'$）梁段内，索力作用点处 A、B 点剪力滞系数突出，A 点在索力作用点处剪力滞系数 λ 变化范围为1.50～3.05，B 点在索力作用点处剪力滞系数 λ 变化范围为1.26～2.33；在索力作用点之间的梁段应力分布较均匀，A 点剪力滞系数 λ 变化范围为1.10～1.61，B 点剪力滞系数 λ 变化范围为1.05～1.35，C 点剪力滞系数 λ 变化范围为0.77～1.09。

5[#]桥墩处，悬臂端部在张拉 $C11$ 索力的作用下，A 点在此处剪力滞系数 λ 达到3.32，B 点剪力滞系数 λ 达到2.37。5[#]桥墩 $C9$～$C1$（$C9'$～$C1'$）梁段内，索力作用点处 A、B 点剪力滞系数突出，A 点在索力作用点处剪力滞系数 λ 变化范围为1.23～2.54，B 点在索力作用点处剪力滞系数 λ 变化范围为1.13～2.04；在索力作用点之间的梁段应力分布较均匀，A 点剪力滞系数 λ 变化范围为0.99～1.28，B 点剪力滞系数 λ 变化范围为1.04～1.26，C 点剪力滞系数 λ 变化范围为0.75～0.99。

斜拉桥在完成次边跨合拢后，主梁剪力滞效应沿纵桥向变化的主要特点如下。

① 与最大双悬臂状态相似的特点　距离索力作用点较近处，主梁截面上缘表现出索力张拉区域剪力滞效应更为显著的特点，随着主梁截面距离索力作用点的增大，主梁应力分布较均匀；$C9$～$C1$（$C9'$～$C1'$）梁段内，索力作用点处主梁截面上缘表现出张拉区域剪力滞效应突出的特点，在索力作用点之间的梁段应力分布较均匀，表现出普通弯曲箱梁剪力滞的分布特点。

② 工况3下的特点　主跨和边跨在结构体系上不再是对称状态，边跨合拢对剪力滞效应有一定的影响，边跨主梁的剪力滞效应比最大双悬臂阶段减小，说明边跨合拢后对已浇梁段的剪力滞效应起减小作用，但没有改变其分布规律。

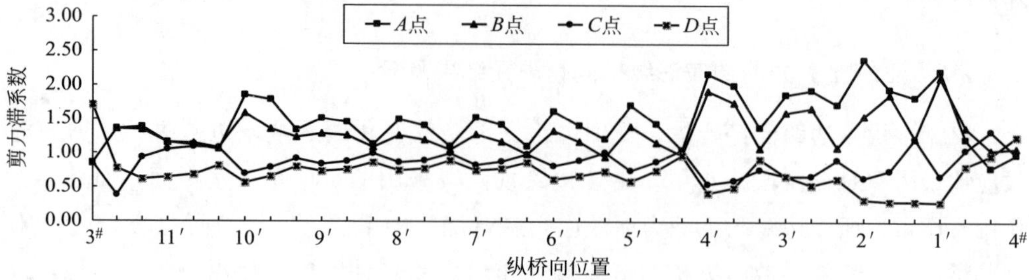

(a) 4#桥墩左侧

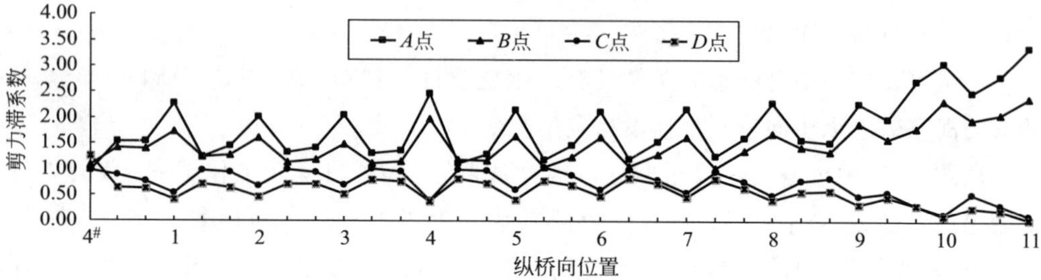

(b) 4#桥墩右侧

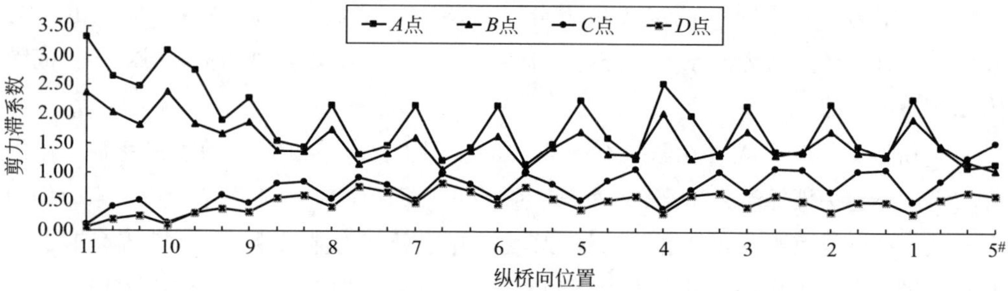

(c) 5#桥墩左侧

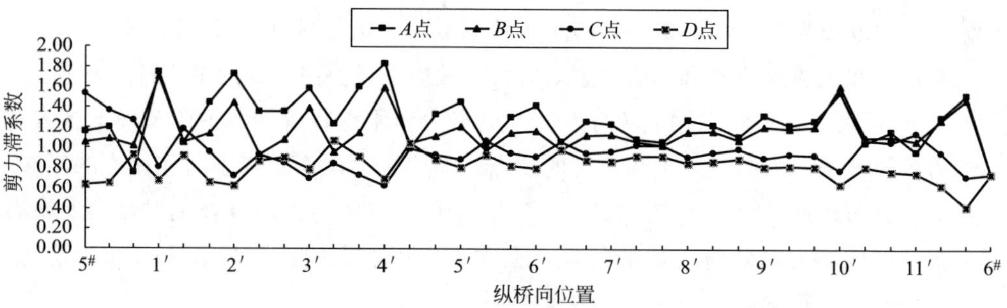

(d) 5#桥墩右侧

图 5.10 上翼缘剪力滞系数沿纵桥向分布（工况 3）

5.3.2.4 工况4剪力滞效应沿纵桥向有限元结果及分析

该工况为最大单悬臂阶段，由于边跨已经合拢，对于边跨而言，只是在边跨支承处附近的剪力滞效应增大许多，这是因为张拉 $C12'$～$C14'$尾索造成的。而边跨 $C11'$～$C1'$内梁段的剪力滞效应与工况 3 相比，均有所减小。

从图 5.11 中可看出，4[#] 桥墩处，悬臂端部在张拉 $C14$ 索力的作用下，A 点在此处剪力滞系数λ 达到 3.40，B 点剪力滞系数λ 达到 2.40。4[#] 桥墩 $C11$～$C1$（$C11'$～$C1'$）梁段内，索力作用点处 A、B 点剪力滞系数突出，A 点在索力作用点处剪力滞系数λ 变化范围为 1.51～2.81，B 点在索力作用点处剪力滞系数λ 变化范围为 1.35～2.12；在索力作用点之间的梁段应力分布较均匀，A 点剪力滞系数λ 变化范围为 1.05～1.44，B 点剪力滞系数λ 变化范围为 1.19～1.10，C 点剪力滞系数λ 变化范围为 0.65～0.95。

5[#] 桥墩处，悬臂端部在张拉 $C14$ 索力的作用下，A 点在此处剪力滞系数λ 达到 3.57，B 点剪力滞系数λ 达到 2.22。5[#] 桥墩 $C11$～$C1$（$C11'$～$C1'$）梁段内，索力作用点处 A、B 点剪力滞系数突出，A 点在索力作用点处剪力滞系数λ 变化范围为 1.48～2.81，B 点在索力作用点处剪力滞系数λ 变化范围为 1.33～2.12；在索力作用点之间的梁段应力分布较均匀，A 点剪力滞系数λ 变化范围为 1.20～1.55，B 点剪力滞系数λ 变化范围为 0.96～1.35，C 点剪力滞系数λ 变化范围为 0.76～1.01。

该工况在自重和索力作用下，单索面 PC 斜拉桥主梁截面上缘剪力滞效应沿纵桥向变化的主要特点同工况 3 相似，随着索力的增加，主梁截面剪力滞效应有所降低。

5.3.2.5 工况5剪力滞效应沿纵桥向有限元结果及分析

在该工况下，由于中跨的合拢，中跨梁段的边界条件也发生了改变，而且悬臂端挂篮荷载、配重荷载的拆除等因素都使得合拢后主梁的剪力滞效应与最大单悬臂阶段相比发生了较大的改变。总体来说，在合拢后主梁的剪力滞系数的数值和变化幅度比最大单悬臂阶段减小。

对于边跨而言，只是在边跨支承处附近的剪力滞效应增大许多，这是因为尾索的索力增大造成的。而边跨 $C12'$～$C1'$内梁段的剪力滞效应与最大单悬臂阶段相比，均有所减小。

从图 5.12 中可看出，除去塔根部梁段与边跨支承处附近，4[#] 桥墩左侧 $C12'$～$C1'$梁段内和右侧 $C1$～$C15$ 梁段内，索力作用点处 A、B 点剪力滞系数突出，A 点在索力作用点处剪力滞系数λ 变化范围为 1.48～2.48，B 点在索力作用点处剪力滞系数λ 变化范围为 1.30～2.07；在索力作用点之间的梁段应力分布较均匀，A 点剪

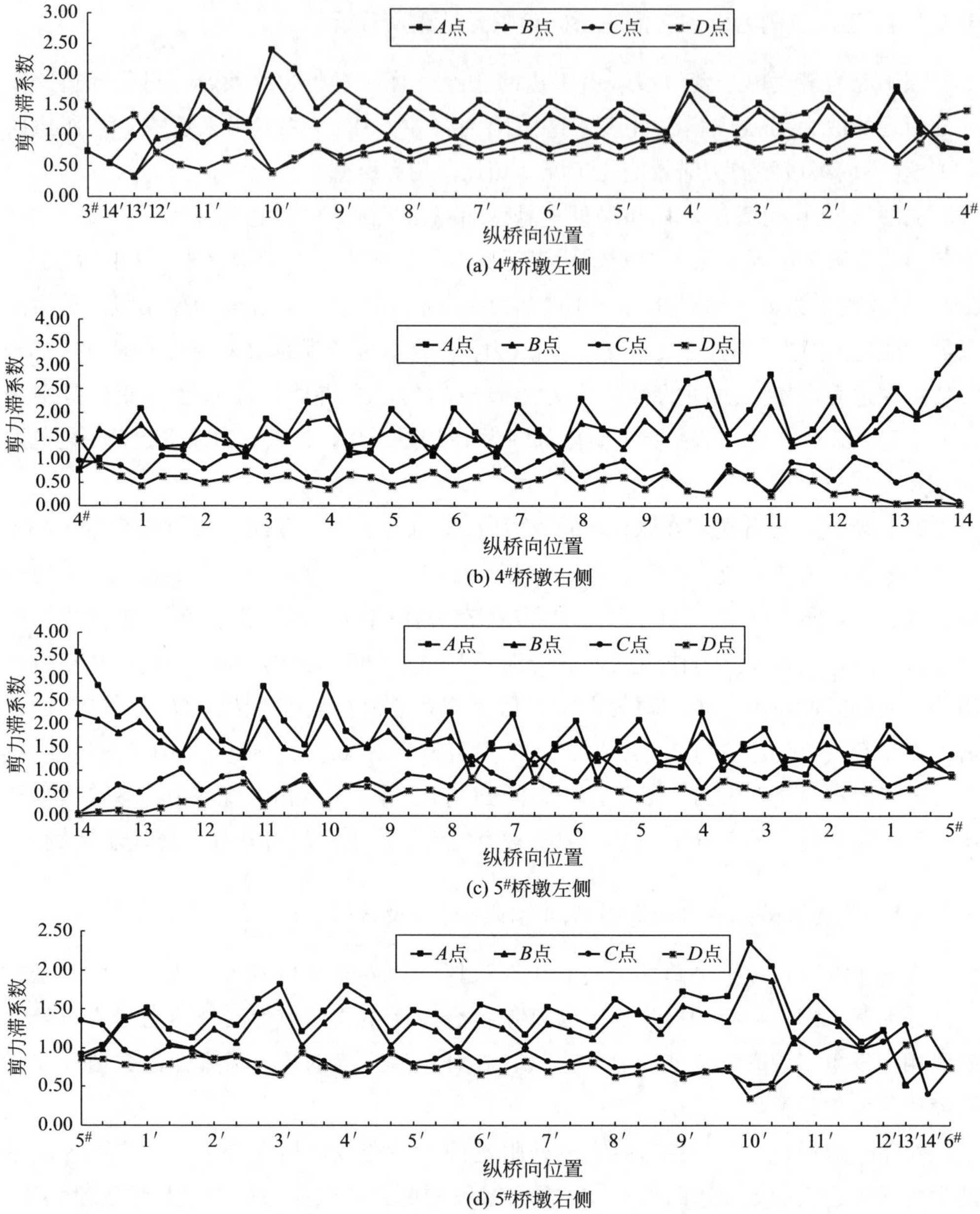

图 5.11 上翼缘剪力滞系数沿纵桥向分布（工况 4）

力滞系数λ变化范围为 1.04～1.28，B 点剪力滞系数λ变化范围为 1.08～1.60，C 点剪力滞系数λ变化范围为 0.81～1.41。

5# 桥墩左侧 $C15$～$C1$ 梁段内和右侧 $C1'$～$C12'$梁段内，索力作用点处 A、B 点剪力滞系数突出，A 点在索力作用点处剪力滞系数 λ 变化范围为 1.42～2.74，B 点在索力作用点处剪力滞系数 λ 变化范围为 1.31～2.04；在索力作用点之间的梁段应力分布较均匀，A 点剪力滞系数 λ 变化范围为 1.01～1.40，B 点剪力滞系数 λ 变化范围为 1.06～1.53，C 点剪力滞系数 λ 变化范围为 0.81～1.39。

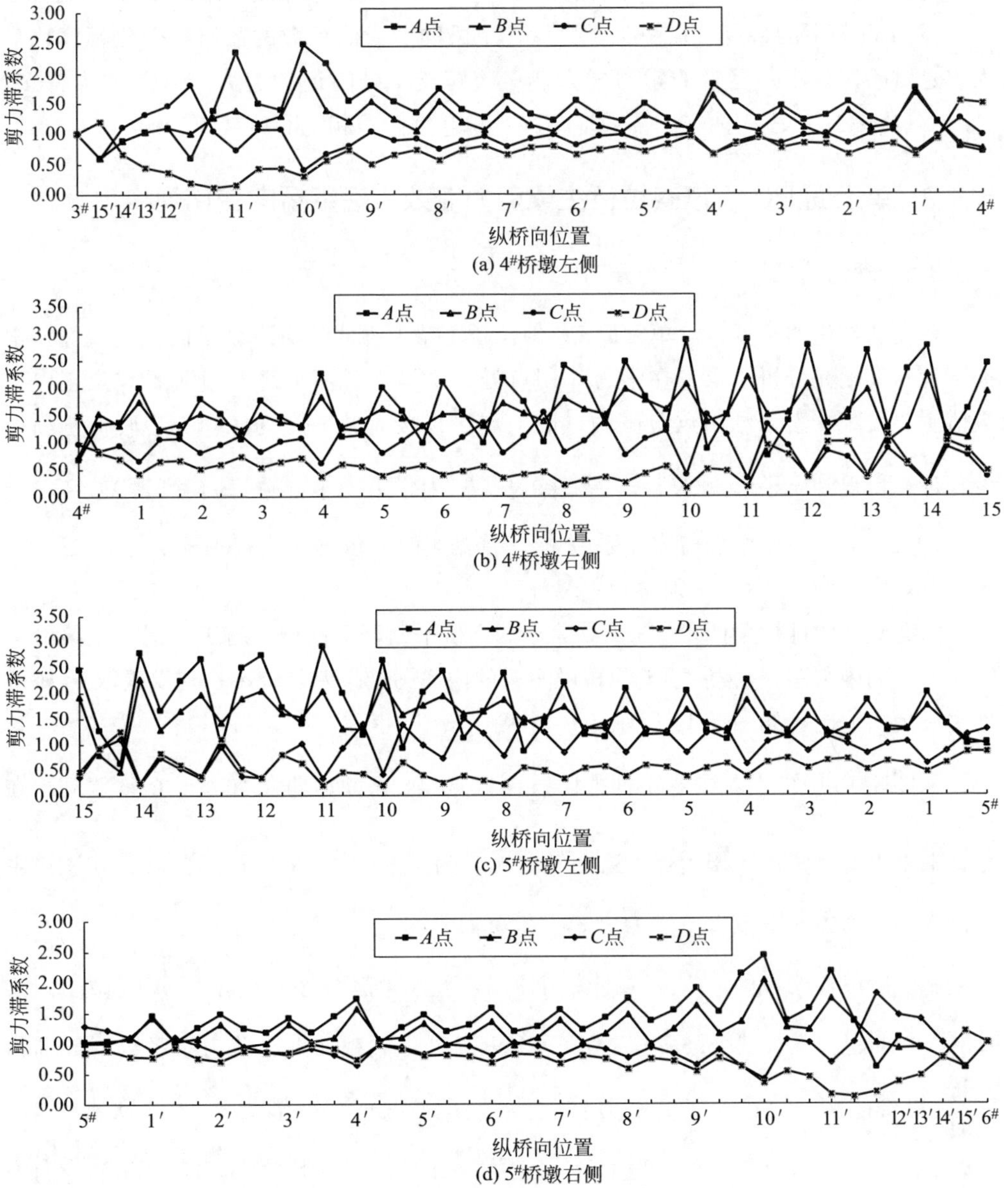

(a) 4#桥墩左侧

(b) 4#桥墩右侧

(c) 5#桥墩左侧

(d) 5#桥墩右侧

图 5.12 上翼缘剪力滞系数沿纵桥向分布（工况 5）

斜拉桥在完成全桥合拢后，在自重和索力作用下主梁剪力滞效应沿纵桥向变化的主要特点如下。

① 与最大双悬臂、最大单悬臂状态相似的特点　除去塔根部梁段与边跨支承处附近，梁段内索力作用点处主梁截面上缘表现出张拉区域剪力滞效应突出的特点，在索力作用点之间的梁段应力分布较均匀，表现出普通弯曲箱梁剪力滞的分布特点。

② 工况 5 下的特点　在中跨合拢后，主梁的剪力滞系数的数值和变化幅度比最大单悬臂阶段减小。尾索的索力增大造成边跨支承处附近的剪力滞效应增大许多，边跨 $C12'$～$C1'$梁段内的剪力滞效应与最大单悬臂阶段相比有所减小。

5.3.3 单索面 PC 折塔斜拉桥主梁剪力滞效应沿纵桥向变化规律

5.3.3.1 理论结果与有限元结果对比

首先从理论的角度讨论单索面 PC 斜拉桥主梁剪力滞效应沿纵桥向变化规律，根据试验与有限元分析结果，在索力作用点处，主梁横截面上缘剪力滞系数及正应力数值主要集中在索力作用点范围内，取上翼缘顶板有效宽度为 4.00m，底板全断面参与计算，得到 $\sigma_N=0.32N$，$\bar{\sigma}_N=0.09N$（N 为索力的轴向分力），可得 $\lambda_N=\frac{\sigma_N}{\bar{\sigma}_N}=3.56$。仅考虑弯矩作用的剪力滞系数 λ_M，依据当时的桥梁规范有效宽度的定义取值，顶板有效宽度为 24.00m，则得到 $\lambda_M=1.35$。

取有限元软件桥梁博士 V3.1.0 建立的全桥平面杆系模型，施工工况 1 主梁的弯矩和轴力的内力图，4# 桥墩与 5# 桥墩主梁的内力图结果差别较小，现仅提取 4# 桥墩处主梁的内力图，如图 5.13 所示。

从图 5.13 中可以看到弯矩轴力比 $\frac{M}{N}$ 在 λ_M 和 λ_N 之间，即在 1.35～3.56 之间，在悬臂端索力 $C4$（$C4'$）作用点处弯矩轴力比 $\frac{M}{N}$ 为 1.20（1.18），代入公式(5.6) 得主梁截面上缘剪力滞系数 λ 分别为 2.35（2.36）。

施工阶段在梁段内，$C3'$～$C1'$索力作用点处主梁截面弯矩轴力比 $\frac{M}{N}$ 分别为 1.49、1.59、1.64；代入公式(5.6) 得 $C3'$～$C1'$索力处主梁截面上缘剪力滞系数 λ 分别为 2.23、2.20、2.18。$C3$～$C1$ 索力作用点处主梁截面弯矩轴力比 $\frac{M}{N}$ 分别为 1.47、1.81、2.03；代入公式(5.6) 得 $C3$～$C1$ 索力处主梁截面上缘剪力滞系数 λ 分别为 2.24、2.13、2.07。

通过本书 5.3.2.1 节工况 1 剪力滞效应沿纵桥向有限元结果及分析可以看到悬臂

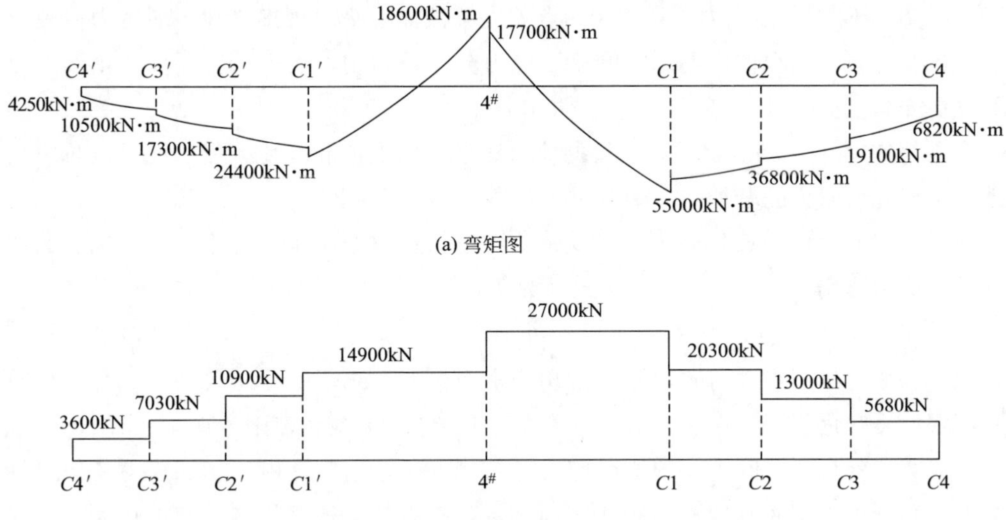

(a) 弯矩图

(b) 轴力图

图 5.13　4# 桥墩处主梁内力图（工况 1）

端索力 $C4$（$C4'$）作用点处 A 点在此处剪力滞系数 λ 达到 4.18、3.61，B 点剪力滞系数 λ 达到 3.07、3.06。

4# 桥墩 $C3'$～$C1'$ 梁段内，A 点在索力作用点处剪力滞系数 λ 分别为 2.32、2.22、2.49，B 点在索力作用点处剪力滞系数 λ 分别为 1.26、1.23、1.29；$C3$～$C1$ 梁段内，A 点在索力作用点处剪力滞系数 λ 分别为 2.57、2.71、2.71，B 点在索力作用点处剪力滞系数 λ 分别为 2.11、1.22、2.12。

通过以上理论与有限元两者的分析结果可以看到，施工阶段在梁段内，$C3$～$C1$（$C3'$～$C1'$）索力作用点处理论分析结果与有限元分析结果吻合，在该位置可以用理论分析结果的剪力滞系数 λ 反映该点的实际受力情况。悬臂端索力 $C4$（$C4'$）作用点处有限元分析结果大于理论分析结果，悬臂端索力作用点处以承受轴力为主，其剪力滞系数 λ 应更接近于 λ_N，该位置可以用剪力滞系数 λ_N 反映该点的实际受力情况。

5.3.3.2　主梁剪力滞效应沿纵桥向的变化规律

通过典型施工工况斜拉桥主梁剪力滞效应沿纵桥向的分析结果，可以看到施工过程中，单索面 PC 斜拉桥主梁剪力滞效应沿纵桥向变化的主要特点可以归纳为以下几点。

① 施工阶段在索力的作用下，距离索力作用点较近处，主梁截面上缘表现出索力张拉区域剪力滞效应更为显著的特点，随着主梁截面距离索力作用点的增大，主梁应力分布较均匀。

② 施工阶段在梁段内，索力作用点处主梁截面上缘表现出张拉区域剪力滞效应突出的特点，在索力作用点之间的梁段应力分布较均匀，表现出普通弯曲箱梁剪力滞的分布特点。

③ 在边跨和中跨合拢后，主梁的剪力滞系数的数值和变化幅度均比悬臂阶段减小，同时随着索力的增加，主梁截面剪力滞效应有所降低。

其中以索力作用点处剪力滞效应最为突出，在整个施工过程中，在工况 1 的情况下，索力作用点处 A、B 点剪力滞系数达到最大值 4.18 和 3.07。

施工阶段在梁段内，索力作用点处 A、B 点剪力滞系数最大值达到 3.05 和 2.33；在索力作用点之间的梁段 A 点剪力滞系数 λ 变化范围为 0.99～1.66，B 点剪力滞系数 λ 变化范围为 0.96～1.60，C 点剪力滞系数 λ 变化范围为 0.65～1.41。

在索力作用点之间中部的梁段应力分布较均匀，主要是由于相邻索力是按照一定角度传递的，同时其他索力距离截面越远，索力传递得越均匀，使得在索力中部的梁段 $\lambda_N \to \lambda_M$，主梁截面表现出普通弯曲箱梁剪力滞的分布特点，可选用剪力滞系数 λ_M 反映该点的实际受力情况。

通过以上单索面 PC 斜拉桥主梁剪力滞效应沿纵桥向变化主要特点的归纳和本书 5.3.3.1 节理论结果与有限元结果的分析对比，可以将主梁剪力滞效应沿纵桥向的变化规律总结为以下几点。

① 施工阶段，悬臂端索力作用点处以承受轴力为主，该位置用轴力作用的剪力滞系数 λ_N 反映该点的实际受力情况。

② 索力之间的梁段，在索力作用点处，可以用理论分析结果，根据弯矩轴力比 $\frac{M}{N}$确定的剪力滞系数 λ 反映该点的实际受力情况。

③ 在索力作用点之间跨中的梁段，用弯矩作用的剪力滞系数 λ_M 反映该点的实际受力情况，索力作用点与跨中之间的梁段，可采用线性插值求得截面剪力滞系数。

根据以上分析结果，对桥梁博士 V3.1.0 建立的全桥平面杆系模型，工况 2 张拉 $C10$ 索力时，主梁截面应力数值结果进行修正，根据 $G1$～$G8$ 截面所处的位置，$G1$、$G5$ 截面的修正系数为 1.23，$G2$、$G6$ 截面的修正系数为 1.34，$G3$、$G7$ 截面的修正系数为 1.20，$G4$、$G8$ 截面的修正系数为 1.64（$G1$～$G8$ 截面平面计算中已计入弯矩作用的剪力滞系数 λ_M）。

将空间有限元、模型试验、修正后的平面有限元主梁截面平均应力值进行对比，见表 5.1。从表中可以看到，施工阶段（工况 2）主梁 $G1$～$G8$ 截面上缘修正后平面有限元的应力数值结果较空间有限元计算的平均应力数值结果大 0.01～0.81MPa，相对值大 0.01%～37.6%，经过修正后平面有限元计算的应力结果与空间有限元计算的应力结果基本吻合，进一步验证了以上结论的正确性。

表 5.1　工况 2 主梁截面上、下缘应力对比　　　单位：MPa

截面	空间有限元		模型试验		平面有限元	
	上缘	下缘	上缘	下缘	上缘	下缘
$G1$	−2.43	−4.50	−3.72	−9.00	−2.95	−5.33
$G2$	−1.37	−2.85	−1.28	−6.90	−1.62	−2.85
$G3$	−1.07	−0.95	−1.25	−0.70	−1.04	−1.69
$G4$	−1.35	−1.30	−1.40	−0.80	−2.16	−2.08
$G5$	−2.10	−4.80	−3.55	−8.97	−2.46	−5.68
$G6$	−1.27	−2.80	−0.80	−6.40	−1.71	−2.70
$G7$	−1.20	−1.15	−1.17	−1.13	−1.21	−1.62
$G8$	−1.03	−1.25	−1.09	−0.77	−1.15	−2.28

5.4 本章小结

本章针对单索面 PC 斜拉桥施工过程中剪力滞效应的变化特点，首先以理论分析为基础，对单索面 PC 斜拉桥箱梁剪力滞系数进行讨论；通过有限元分析方法对主梁剪力滞效应沿纵桥向变化的规律进行归纳总结。具体结论如下。

① 通过理论分析得到压弯荷载作用下的剪力滞系数 λ 与弯矩和轴力的比值有关。弯矩轴力比增大，总剪力滞系数 λ 逐渐趋于弯矩剪力滞系数 λ_M；弯矩轴力比减小，总剪力滞系数 λ 逐渐趋于轴力剪力滞系数 λ_N。

② 通过理论结果与有限元结果分析对比得到：施工阶段，悬臂端索力作用点处以承受轴力为主，该位置用轴力作用的剪力滞系数 λ_N 反映该点的实际受力情况；索力之间的梁段，在索力作用点处，可以用理论分析结果，根据弯矩轴力比确定的剪力滞系数 λ 反映该点的实际受力情况；在索力作用点之间跨中的梁段，用弯矩作用的剪力滞系数 λ_M 反映该点的实际受力情况，索力作用点与跨中之间的梁段，可采用线性插值求得截面剪力滞系数。

③ 将空间有限元、模型试验、修正后的平面有限元结果进行对比，施工阶段（工况 2）主梁 $G1$～$G8$ 截面上缘修正后平面有限元的应力数值结果较空间有限元计算的平均应力数值结果大 0.01～0.81MPa，相对值大 0.01%～37.6%，经过修正后平面有限元计算的应力结果与空间有限元计算的应力结果基本吻合。

第6章

单索面PC折塔斜拉桥抗震性能研究

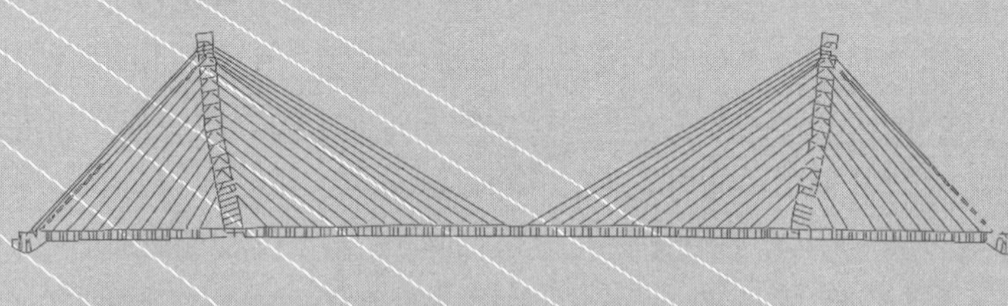

斜拉桥结构一般都是重要的交通枢纽工程，通常情况下投资大、交通量大，对当地国民经济有重大的影响，一旦在地震中遭到严重破坏，将会造成巨大的直接和间接经济损失。因此，对斜拉桥结构体系进行合理有效的抗震分析，确保其抗震安全性具有十分重要的意义。大跨度斜拉桥的结构体系直接影响到斜拉桥的抗震性能[50]，因此，对各种斜拉桥结构体系进行分析研究，选用抗震性能较好的结构体系，在斜拉桥的抗震设计中是至关重要的一步。

斜拉桥是由上部结构的主梁、拉索、主塔及下部结构的桥墩、桥台、基础等基本构件组成的组合体系桥梁，主梁、主塔和桥墩的不同结合方式形成不同结构体系斜拉桥。

常见斜拉桥的结构体系大致可分成四类：①全漂浮体系或半漂浮体系，即：塔梁分离、塔墩固结，全桥只有主梁两端有支撑的全漂浮体系以及塔墩横梁上设置竖向支承的半漂浮体系；②支承体系，即：塔、梁固结并支承在桥墩上；③塔、梁不对称约束体系，即：一个塔、墩、梁三者固结，另一个塔、梁固结并支承在桥墩上。④刚构体系，即：两个主塔处均为主梁、主塔、桥墩三者互相固结。

已建大跨斜拉桥多为双塔三跨结构，通过大量的实践目前已经对常规斜拉桥不同结构体系的动力特性有了比较全面的了解。全漂浮体系或半漂浮体系，纵桥向刚度最小，周期最长，地震作用的下的位移反应最大，塔柱的内力反应最小。刚构体系，纵桥向刚度最大，周期最短，在地震作用下位移反应最小，但是会导致塔柱内力反应增大。塔、梁不对称约束体系，纵桥向刚度也较大，位移较小[112]。

目前尽管对直塔斜拉桥的抗震性能有了比较全面地了解，但对预应力混凝土折线塔斜拉桥的抗震性能研究却甚少，因此其与直塔斜拉桥的抗震性能有何区别也无从了解，故本书对具有特殊结构体系的斜拉桥（辽宁省沈阳市富民斜拉桥）进行抗震性能研究。另外，由于富民桥采用了一端塔墩梁固结，另一端塔梁固结、墩梁分离的不对称结构体系，所以对这一特殊结构的预应力混凝土折线塔斜拉桥的抗震性能研究是十分必要的。

富民桥地处严寒地带，昼夜温差很大，如采用刚构体系，温度引起的效应使墩底产生巨大的内力，且抗震性能不好；如采用支承体系，则两个主塔下均需设置吨位很大的支座；而采用上述不对称结构体系，则可通过滑动铰支座的纵向滑动，释放温度在墩底产生的巨大内力。另外不对称结构体系的塔、墩、梁固结端可以有效地控制结构的整体位移。不对称结构体系虽然在地震荷载作用下两个墩底受力会不平衡，但富民桥通过抗震计算，地震荷载不控制设计，因此富民桥采用了不对称结构体系。在此本书将对同等跨径下的预应力混凝土直塔斜拉桥和预应力混凝土折线塔斜拉桥在支承体系和不对称体系下的抗震性能进行分析比较，以期得到预应力混凝土折线塔斜拉桥在不对称体系下的抗震性能特点，同时，也可为今后相似工程的抗震设计提供参考。

6.1 动力特性分析

桥梁结构地震响应分析的基础是桥梁结构的模态分析，模态分析主要包括自振频率的计算和主阵型的分析。本书对不对称结构体系的两种约束条件斜拉桥进行结构动力特性分析，即：结构体系 1：左端塔墩梁固结，右端塔梁固结设单向滑动铰支座；结构体系 2：左端塔梁固结设固定铰支座，右端塔梁固结设单向滑动铰支座。另外，富民桥桥塔为折线形，为了了解折线塔斜拉桥在动力特性方面与直塔斜拉桥的区别，本书综合对比分析了两种塔型在上述不同约束条件下的动力特性。

6.1.1 动力分析模型的建立

（1）建模原则[113]

动力分析模型的建立要反映真实的结构动力特性，建立模型要从结构刚度、质量分布及边界条件等几个方面考虑。

① 计算模型中的主梁、主塔和桥墩可采用空间杆系单元模拟，单元质量可采用集中质量代表；主梁、主塔和桥墩的单元划分应反映结构的实际动力特性。

② 支座单元的模拟应能真实反映支座的受力特性。

③ 计算模型应考虑相邻结构和边界条件的影响。

（2）空间模型建立

本书用 MIDAS 有限元软件建立富民桥空间模型。为了比较两种塔型在两种约束条件下的动力特性的差别，分别建立对应的计算模型。主梁、主塔、桥墩均采用梁单元模拟，拉索采用只受拉桁架单元模拟，边跨的盆式支座和塔下的球形钢支座分别通过赋予弹性连接支座的抗推刚度来模拟，将结构自重和引桥配重及横梁自重转化为质量。桥面铺装不与主梁构成整体一起承担结构内力，在建模时仅模拟铺装的质量，而不模拟刚度，桥面铺装按均布荷载加载到桥面单元，然后将其转化为质量。

桩土效应采用直接基础的地基动力刚度来模拟，由竖向变形刚度、水平变形刚度和回转变形刚度（即摇摆振动）组成，基础扭转变形刚度一般假定为固定约束，不考虑相对变形[114]。

整个基础的各项非零项刚度系数为：

$$K_h = k_{sB}A_v \qquad K_v = k_vA_v \qquad K_{\theta x} = k_vI_x \qquad K_{\theta y} = k_vI_y \tag{6.1}$$

式中 K_v——竖直方向地基变形刚度，kN/m；

K_h——水平方向地基变形刚度，kN/m；

$K_{\theta x}$——绕纵轴转动的转动变形刚度，kN·m/rad；

$K_{\theta y}$——绕横轴转动的转动变形刚度，kN·m/rad；

k_v——地基竖向反力系数；

k_{sB}——地基水平剪切反力系数；

A_v——非圆形基础竖向的荷载面积，即基础底面积，m^2；

I_x——基础底面绕纵桥轴转动的惯性矩，m^4；

I_y——基础底面绕横桥轴转动的惯性矩，m^4。

6.1.2 动力特性结果及分析

采用多重 Ritz 向量法计算结构的自振频率和相应的振型，综合对比分析了折线塔和直塔两种塔型斜拉桥在上述两种不同约束条件下的动力特性，结果见表 6.1。结构体系 1：左端塔墩梁固结，右端塔梁固结设单向滑动铰支座。结构体系 2：左端塔梁固结设固定铰支座，右端塔梁固结设单向滑动铰支座。两种结构体系的折线塔斜拉桥的第一振型如图 6.1 所示。

表 6.1 前 10 阶自振频率和振型

阶次	结构体系 1					结构体系 2				
	折线塔		直塔		振型	折线塔		直塔		振型
	频率/Hz	周期/s	频率/Hz	周期/s		频率/Hz	周期/s	频率/Hz	周期/s	
1	0.12	8.5	0.12	8.41	塔侧弯（滑动支座端）	0.04	24.6	0.04	24.6	双塔同向侧弯
2	0.43	2.3	0.43	2.32	主梁正对称竖弯	0.16	6.33	0.16	6.33	双塔反向侧弯
3	0.49	2.06	0.50	1.99	塔侧弯（固结端）	0.41	2.44	0.40	2.44	主梁正对称竖弯
4	0.67	1.47	0.69	1.44	主梁反对称竖弯	0.61	1.63	0.62	1.63	主梁反对称竖弯
5	0.76	1.32	0.75	1.33	主梁对称横弯	0.69	1.46	0.68	1.46	主梁对称横弯

续表

阶次	结构体系 1					结构体系 2				
	折线塔		直塔		振型	折线塔		直塔		振型
	频率/Hz	周期/s	频率/Hz	周期/s		频率/Hz	周期/s	频率/Hz	周期/s	
6	0.97	1.04	0.97	1.03	主梁反对称横弯	0.9	1.1	0.9	1.1	主梁反对称横弯
7	1.02	0.98	1.03	0.97	主梁二阶对称竖弯＋纵漂	0.96	1.05	0.98	1.05	主梁二阶对称竖弯＋纵漂
8	1.08	0.93	1.08	0.92	主梁二阶对称横弯	1.01	0.99	1.02	0.99	主梁二阶对称横弯
9	1.29	0.77	1.12	0.89	主梁二阶对称竖弯＋纵漂	1.07	0.93	1.09	0.93	主梁二阶对称竖弯＋纵漂
10	1.36	0.76	1.26	0.79	主梁高阶对称竖弯	1.19	0.84	1.17	0.84	主梁高阶对称竖弯

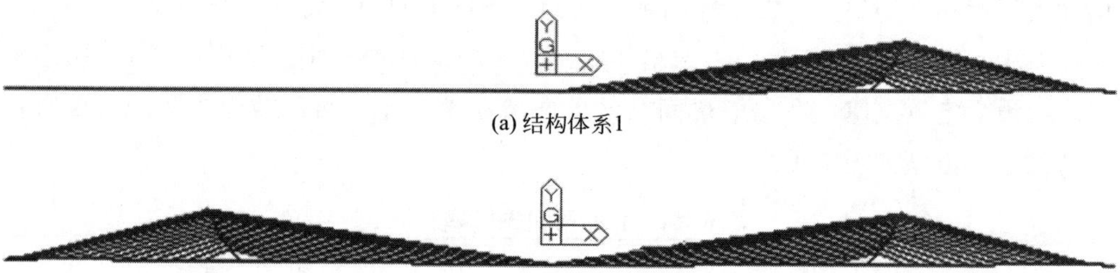

(a) 结构体系1

(b) 结构体系2

图 6.1　两种结构体系的折线塔斜拉桥的第一振型

从动力特性计算结果可知：

① 折线塔和直塔在两种结构体系下，自振频率和模态基本吻合，说明塔型的改变对斜拉桥整体的刚度和质量影响不大；

② 折线塔在结构体系 1 情况下的主梁正对称竖弯发生在第二阶振型，频率为 0.45Hz，折线塔在结构体系 2 情况下的主梁正对称竖弯发生在第三阶振型，频率为 0.425Hz，可以看出将塔梁墩固结改为塔梁固结、塔墩固定铰支座后，放开了主梁绕横桥向的转动约束，降低了主梁的竖弯振型频率；

③ 折线塔在结构体系 1 情况下滑动铰支座处塔侧弯发生在第一阶振型，频率为 0.12Hz，发生在主梁正对称竖弯之前；折线塔在结构体系 2 情况下出现双塔同向侧弯和反向侧弯分别发生在第一阶和第二阶振型，也出现在主梁正对称竖弯之前，说

明支座的转动刚度影响了横桥向的刚度，使塔变柔；

④ 通过两种结构体系的对比发现，同振型的频率，结构体系 1 比结构体系 2 的频率普遍高，这是因为将塔梁墩固结换成大型钢支座，使结构的整体刚度有所下降，周期加长，但从数值上来说相差不大，说明整体刚度相差不大。

6.2 地震响应反应谱分析

反应谱方法是目前桥梁结构抗震设计中广泛采用的方法，反应谱法将时变动力问题转化为拟动力问题。采用反应谱法进行抗震分析具有概念简单、计算方便、用较少的计算量获得结构的最大反应值等优点。

6.2.1 反应谱方法及其原理

反应谱分析的方法是在静力法的基础上发展起来的，考虑了地震时地面的运动特性与结构物自身的动力特性。自从 1943 年 M. A. Biot 提出了反应谱概念后，1948 年 G. W. Housner 等人在大量分析的基础上提出基于反应谱理论的抗震计算的动力法，1958 年第一届世界地震工程会议后，反应谱法已被许多国家正式采纳在相应的工程结构抗震设计规范中。

应用反应谱方法主要包括以下两个基本步骤：第一步是根据强震记录统计用于设计的地震动反应谱；第二步是进行振型分解，将物理位移用振型广义坐标来表示，广义坐标的最大值由得到的设计反应谱求得。最后可通过适当的方法将各振型反应的最大值组合起来得到反应量的最大值[50]。

(1) 反应谱的基本原理

地面运动位移 $\delta_g(t)$ 引起的单质点振子的地震动方程可表示为：

$$m(\ddot{\delta}_g+\ddot{y})+c\dot{y}+k\dot{y}=0 \tag{6.2}$$

根据 D'Alembert 原理，惯性力、阻尼力和弹性恢复力应保持平衡，整理式(6.2)可得：

$$\ddot{y}(t)+2\xi\omega\dot{y}(t)+\omega^2 y(t)=-\ddot{\delta}_g \tag{6.3}$$

式中 ξ——阻尼比，$\xi=c/(2\sqrt{km})$；

ω——无阻尼圆频率，$\omega=\sqrt{k/m}$。

由式(6.3) 可得单质点振子在地震作用下相对位移反应的 Duhamal 积分式为：

$$y(t)=-\frac{1}{\omega}\int \mathrm{e}^{-\xi\omega(t-\tau)}\delta_g(\tau)\sin\omega_d(t-\tau)\mathrm{d}\tau \tag{6.4}$$

式中　ω_d——有阻尼圆 频率，$\omega_d=\sqrt{1-\xi^2}$。

对式(6.4) 分别微分一次、二次即可得到单质点振子地震相对速度和相对加速度反应积分公式为

$$\dot{y}(t)=\int \mathrm{e}^{-\xi\omega(t-\tau)}\ddot{\delta}_g(\tau)\left[\frac{\xi\omega}{\omega_d}\sin\omega_d(t-\tau)-\cos\omega_d(t-\tau)\right]\mathrm{d}\tau \tag{6.5}$$

$$\ddot{y}(t)=\omega_d\int \mathrm{e}^{-\xi\omega(t-\tau)}\ddot{\delta}_g(\tau)\left\{\left[1-\left(\frac{\xi \mathrm{e}}{\omega_d}\right)^2\right]\sin\omega_d(t-\tau)+\frac{2\xi\omega}{\omega_d}\cos\omega_d(t-\tau)\right\}\mathrm{d}\tau-\xi(t-\tau) \tag{6.6}$$

一般情况下，由于阻尼比数值很小，式(6.5)、式(6.6) 可简化为：

$$\dot{y}(t)=-\int \mathrm{e}^{-\xi\omega(t-\tau)}\delta_g(\tau)\cos\omega_d(t-\tau)\mathrm{d}\tau \tag{6.7}$$

$$\ddot{y}(t)=\omega_d\int \mathrm{e}^{-\xi\omega(t-\tau)}\ddot{\delta}_g(\tau)\sin\omega_d(t-\tau)\mathrm{d}\tau-\ddot{\delta}_g(\tau) \tag{6.8}$$

对于不同质点体系，在已确定的地震加速度 $\ddot{\delta}_g(t)$ 输入下，即可获得一系列的相对位移 $y(t)$ 、相对速度 $\dot{y}(t)$ 、绝对加速度 $\ddot{\delta}_g(t)+\ddot{y}(t)$ 的反应时程曲线，进一步中找到它的最大值，即 $y_{\max}$ 、$\dot{y}_{\max}$ 、$|\ddot{\delta}_g+\ddot{y}|_{\max}$ 。当以不同单质点体系的周期 T_i 为横坐标、不同阻尼比 ξ 为参数，就能绘出 $y_{\max}$ 、$\dot{y}_{\max}$ 、$|\ddot{\delta}_g+\ddot{y}|_{\max}$ 的谱曲线，这些谱曲线简称反应谱[55]。

(2) 反应谱法的地震力计算

对可以近似视为单自由度体系的规则桥梁，在已知加速度反应谱和计算出振动周期之后，其最大地震惯性力就可以用相应的反应谱值求出：

$$P=m\mid\ddot{\delta}_g(t)+\ddot{y}\mid_{\max}=mg_n\left(\frac{\ddot{\delta}_g(t)\mid_{\max}}{g}\right)\times\left(\frac{\mid\ddot{\delta}_g(t)+\ddot{y}\mid_{\max}}{\mid\ddot{\delta}_g(t)\mid}\right)=K_h\beta W \tag{6.9}$$

式中　W——体系的总重量；

g_n——标准自由落体加速度；

K_h——水平地 震系数，$K_h=|\ddot{\delta}_g|_{\max}/g_n$；

β——动力放大 系数，$\beta=\frac{S_A}{a_0}=\frac{|\ddot{\delta}_g+\ddot{y}|_{\max}}{|\ddot{\delta}_g|_{\max}}$。

由于上述讨论均以弹性体系为研究对象，因此称为弹性反应谱理论。结构在地震作用下，进入塑性阶段后，结构的延性将起耗能作用，从而减弱地震反应，因而在地震力计算公式中引入结构综合影响系数 C_z， 以考虑结构的延性耗能作用。此

时，式(6.9)可改写为：

$$P = C_z K_h \beta W \tag{6.10}$$

多质点体系可以采用单质点体系的设计标准β反应谱来计算地震力，当n个质点体系地震振动时，振动方程可采用矩阵表示如下：

$$[M]\{\ddot{\delta}(t)\} + [C]\{\dot{\delta}(t)\} + [K]\{\delta(t)\} = -[M]\{I\}\ddot{\delta}_g(t) \tag{6.11}$$

式中 $[M]$，$[C]$，$[K]$——分别为n质点体系的质量矩阵、阻尼矩阵和刚度矩阵；

$\{\delta(t)\}$——质点对地面的相对位移矢量，是时间t的函数；

$\ddot{\delta}_g(t)$——地震加速度，同样为时间t的函数；

$\{I\}$——单位矩阵，$\{I\}=\{1, 1, \cdots, 1\}^{\mathrm{T}} \in R^n$。

式(6.11)可采用振型分解法求解。质点位移矢量$\{\delta(t)\}$可表示为：

$$\{\delta(t)\} = \sum_{i=1}^{n} \{\phi\}_i Y_i(t) = [\Phi]\{Y(t)\} \tag{6.12}$$

式中 $[\Phi]$——振型矩阵$[\Phi] = [\{\phi\}_1\{\phi\}_2\cdots\{\phi\}_n]$；

$\{\phi\}_i$——第i振型列矢量；

$Y_i(t)$——不同的时间函数，被称之为广义坐标，$\{Y(t)\} = [Y_1(t)Y_2(t)\cdots Y_n(t)]^{\mathrm{T}}$。

令ω_i及$\{\phi\}_i$分别为多质点体系无阻尼时的第i圆频率及其相关的振型，则有

$$[K]\{\phi\}_i = \omega_i^2 [M]\{\phi\}_i \tag{6.13}$$

将式(6.12)代入式(6.11)中，再以矩阵$[\Phi]^{\mathrm{T}}$左乘式(6.11)，考虑振型的正交性，便可得到以下几个独立的振动方程：

$$\begin{aligned}\{\varphi\}_i^{\mathrm{T}}[M]\{\varphi\}_i\ddot{Y}_i(t) + \{\varphi\}_i^{\mathrm{T}}[C]\{\varphi\}_i\dot{Y}_i(t) + \{\varphi\}_i^{\mathrm{T}}[K]\{\varphi\}_i Y_i(t) \\ = -\{\varphi\}_i^{\mathrm{T}}[M]\{I\}\ddot{\delta}_g(t)\end{aligned} \tag{6.14}$$

再以$\{\phi\}_i^{\mathrm{T}}[M]\{\phi\}_i$除式(6.14)两边，则有

$$\ddot{Y}_i(t) + 2\xi_i\omega_i\dot{Y}_i(t) + \omega_i^2 Y_i(t) = -\gamma_i\ddot{\delta}_g(t) \tag{6.15}$$

式中 γ_i——第i振型参与系数，$\gamma_i = \dfrac{\{\phi\}_i^{\mathrm{T}}[M]\{I\}}{\{\phi\}_i^{\mathrm{T}}[M]\{\phi\}_i}$。

第i振型第j质点的位移$\delta_{ji}(t) = \phi_{ji}Y_i(t)$，将此关系式代入式(6.15)中，得

$$\ddot{\delta}_{ji}(t) + 2\xi_i\omega_i\dot{\delta}_{ji}(t) + \omega_{ji}^2\delta_{ji}(t) = -\gamma_i\varphi_{ji}\ddot{\delta}_g(t) \tag{6.16}$$

比较单质点体系地震振动方程(6.3)，其差别仅在于式(6.16)右端多了常数因子$\gamma_i\phi_{ji}$。因此得到第j质点水平方向上，由第i振型所引起的按地震反应谱理论计算的最大地震力表示为：

$$P_{ji} = K_h \beta \gamma_i \phi_{ji} W_j \tag{6.17}$$

引入结构综合影响系数C_z后，桥梁抗震规范中的表达式为：

$$P_{ji}=C_z K_h \beta \gamma_i \phi_{ji} W_j \tag{6.18}$$

式(6.18) 就是反映谱理论计算地震力的基本公式，其中 C_z、K_h、γ_i、ϕ_{ji} 和 β 的取值可参考相关规范[115]。

(3) 规范反应谱

在桥梁结构抗震设计中，结构在地震作用下的最大响应值是大家所关心的问题。根据某次地震时的加速度记录，给定阻尼比以后，可计算得到不同周期下结构的各种最大地震反应量，这种一定阻尼下结构的地震最大反应量与结构自振周期的函数关系就是该地震波的反应谱。

地震波不同，其反应谱也不同。为了便于工程设计，可根据设定的超越概率，对已采集到的大量实际地震波反应谱进行统计分析，进一步结合经验判断，得到设计反应谱。某个场地的设计反应谱是指该场地未来若干年内、在一定概率水平下，最大可能发生的地震动的一种表示方式。对于某一桥梁结构，对其不同自振周期下的最大地震响应进行适当组合，便可近似求出该桥梁结构在某一概率水平下的最大可能地震响应。

桥梁结构在强震时会进入非线性状态，而其自振周期是在线性假定下得到的，因此，计算得到的地震荷载大于实际荷载。考虑结构非线性及其他未知因素对其地震反应的影响，对弹性地震荷载应乘以适当系数进行折减。

6.2.2 反应谱抗震分析

(1) 振型组合方法

目前，国内外许多专家学者在对反应谱法开展了大量的研究工作后，提出了许多振型组合的方法，其中 SRSS 法在许多规则桥梁地震响应分析中得到了广泛的应用，但对几何形状特殊、振型不连续的桥梁不能按照 SRSS 法来计算地震响应。因为当桥梁的自振频率非常接近时，如采用 SRSS 法计算，将会得到误差较大的计算结果。此时采用完全平方组合法，即 CQC 法比较合理。CQC 法是 E. L. Wilson 等人把地面运动视为一宽带、高斯平稳过程，根据随机过程理论推导出了线性多自由度体系的振型组合方法，与 SRSS 相比，CQC 法增加了考虑不同振型之间相互影响的相关系数，即：

$$|u(t)|_{\max}=\left(\sum_{i=1}^{m}\sum_{j=1}^{m}\rho_{ij}u_{i,\max}u_{j,\max}\right)^{1/2} \tag{6.19}$$

式中　ρ_{ij}——振型相关系数，根据平稳随机振动理论得到[56]。

$$\rho_{ij}=\frac{8\sqrt{\xi_i\xi_j\omega_i\omega_j}\,(\xi_i\omega_i+\xi_j\omega_j)\omega_i\omega_j}{(\omega_i^2+\omega_j^2)^2+4\xi_i\xi_j\omega_i\omega_j(\omega_i^2+\omega_j^2)+4(\xi_i^2+\xi_j^2)\omega_i^2\omega_j^2} \tag{6.20}$$

如果两个自振频率相差大，振型相关系数就会减小，特别是当$\dfrac{\omega_i}{\omega_j}<\dfrac{0.2}{\varepsilon_i+0.2}$时，可以认为振型相关系数近似为零，式(6.19）与 SRSS 法相同。由于富民桥的自振频率分布比较密集，故采用 CQC 方法进行振型组合。

（2）阻尼模型

富民桥为较大跨度斜拉桥，结构属于柔性结构，阻尼矩阵采用质量矩阵 M 与刚度矩阵 K 线性组合的 Rayleigh 阻尼模型[113]，即

$$C=\alpha M+\beta K \tag{6.21}$$

其中，系数 α 和 β 根据实测资料决定。

如已知两个阻尼比 ξ_i 和 ξ_j，则

$$\left.\begin{aligned}\alpha&=\frac{2(\xi_i\omega_j-\xi_j\omega_i)}{\omega_j^2-\omega_i^2}\omega_i\omega_j\\ \beta&=\frac{2(\xi_i\omega_j-\xi_j\omega_i)}{\omega_j^2-\omega_i^2}\end{aligned}\right\} \tag{6.22}$$

式中　ξ_i，ω_i，ξ_j，ω_j——分别为结构的第 i 振型的阻尼比、自振频率和第 j 振型的阻尼比、自振频率。这里 ξ_i 和 ξ_j 均取为 0.03。

（3）设计反应谱的选取

根据《公路桥梁抗震设计细则》(JTG/T B02-01—2008)，阻尼比为 0.05 的水平设计加速度反应谱 S 由下式确定：

$$S=\begin{cases}S_{\max}(5.5T+0.45) & (T<0.1\mathrm{s})\\ S_{\max} & (0.1\mathrm{s}\leqslant T\leqslant T_g)\\ S_{\max}(T_g/T) & (T>T_g)\end{cases} \tag{6.23}$$

式中　T_g——特征周期，s；

T——结构自振周期，s；

$S_{\max}$——水平设计加速度反应谱最大值，由下式确定：

$$S_{\max}=2.25C_iC_sC_dA \tag{6.24}$$

式中　C_i——抗震重要性系数；

C_s——场地系数；

C_d——阻尼调整系数；

A——水平向设计基本地震动加速度峰值。

根据富民桥的地质报告，场地土类型为Ⅱ类场地土，特征周期为 0.35s，$C_i=1.0$，$C_s=1.0$，$C_d=1.18$，$A=0.1$，$S_{\max}=0.273$。

（4）地震动输入模式

地震动的输入模式又可分为同步、不同步单点输入和同步、不同步多点输入。

对于中、小桥梁，可假设所有支承点上的水平地面动力都是相同的，因而进行同步输入。对于超大跨径桥梁，各支承点可能位于显著不同的场地上，因此应考虑地面运动的空间变化性（包括行波效应），进行不同步输入[49]。

《公路桥梁抗震设计细则》（JTG/T B02-01—2008）中规定：一般情况下，公路桥梁可只考虑水平地震作用，直线桥可分别考虑顺桥向 X 和横桥向 Y 的地震作用。抗震设防烈度为 8 度和 9 度的拱式结构、长悬臂桥梁结构和大跨度结构，以及竖向作用引起的地震效应很重要时，应同时考虑顺桥向 X、横桥向 Y 和竖向 Z 的地震作用。

富民桥采用一致地震输入模型。地震动力输入模式为纵桥向＋横桥向组合模型。

（5）荷载模型

本书采用 MIDAS 有限元分析软件分别建立了折线塔和直塔斜拉桥在两种约束条件下的模型。荷载包括结构自重和边跨墩上以集中荷载形式施加的引桥配重及横梁自重，铺装按均布荷载加载到桥面单元，均转化为质量。拉索成桥阶段索力以体外荷载类型施加到拉索单元上。

6.2.3 反应谱内力响应结果及分析

两种结构体系下在纵向地震作用下的塔顶、梁端纵向位移和墩底弯矩、墩底剪力分别见表 6.2 和表 6.3；两种结构体系下在横向地震作用下墩底弯矩和墩底剪力见表 6.4。在纵向地震作用下斜拉索索力如图 6.2 所示。

表 6.2　纵向地震作用下塔顶和梁端纵向位移

结构体系	塔顶纵向位移/mm				梁端纵向位移/mm			
	折线塔		直塔		折线塔		直塔	
	左端	右端	左端	右端	左端	右端	左端	右端
结构体系 1	7	7	6	6	4	4	4	6
结构体系 2	6	8	6	8	4	6	5	7

表 6.3　纵向地震作用下墩底内力

结构体系	墩底弯矩/kN·m				墩底剪力/kN			
	折线塔		直塔		折线塔		直塔	
	左端	右端	左端	右端	左端	右端	左端	右端
结构体系 1	182009	17055	174919	16418	18043	2007	10730	1962
结构体系 2	180534	14778	191369	15140	11233	1680	11903	1741

表 6.4 横向地震作用下墩底内力

结构体系	墩底弯矩/kN·m				墩底剪力/kN			
	折线塔		直塔		折线塔		直塔	
	左端	右端	左端	右端	左端	右端	左端	右端
结构体系 1	120322	77188	120512	78669	5781	5064	5812	5064
结构体系 2	114478	118759	114272	118311	7687	7441	7673	7417

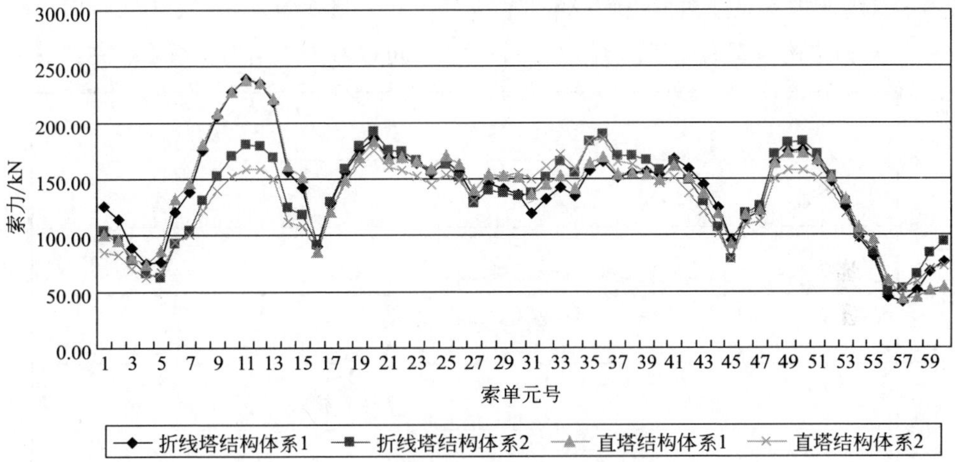

图 6.2 纵向地震工况产生斜拉索索力

注：索单元号为从左到右（边跨-中跨-边跨）依次布置。1～15 号索单元为塔、梁、墩固结侧边跨拉索，16～30 号索单元为塔、梁、墩固结侧中跨拉索，31～45 号索单元为塔梁固结，塔墩分离侧中跨拉索，46～60 号单元为塔梁固结、塔墩分离侧边跨拉索

从表 6.2、表 6.3 和图 6.4 中可以看出：

① 两种体系在地震荷载作用下，塔顶位移和梁端位移相差不大，说明结构的纵向刚度相差不大，这与前面进行结构动力特性分析的结论相吻合。

② 在纵向地震作用下，结构体系 1 的折线塔斜拉桥的墩底弯矩和剪力稍高于结构体系 2 折线塔斜拉桥的墩底弯矩和剪力，说明折线塔斜拉桥在结构体系 1 情况的左端塔梁墩固结和在结构体系 2 情况的大型固定支座所分担的地震力大致相同。

③ 在横向地震作用下，两种塔型斜拉桥在结构体系 1 情况下的左端塔梁墩固结墩底弯矩大于右端墩底弯矩，说明左墩分担了较多的地震荷载；而在结构体系 2 情况下两端墩底弯矩相差不大，也是由于横向两端横向约束体系相差不大。直塔和折线塔斜拉桥在两种结构体系情况下内力相差不大。

④ 从斜拉索索力图可以看出，纵向地震作用下，折线塔斜拉桥在结构体系 1 情况下，在塔梁墩固结边跨侧的拉索索力略高于折线塔斜拉桥在结构体系 2 情况下的相应索索力，其他位置基本吻合。折线塔和直塔斜拉桥在结构体系 1 情况下，折线

塔斜拉桥边跨边索索力略高于直塔斜拉桥相应索索力。中跨边索索力略低于直塔斜拉桥相应索索力，其他位置基本吻合。两种塔型斜拉桥在两种结构体系情况下在纵向地震作用下，两跨索力呈现基本对称趋势。

⑤ 从两种结构体系右端塔上弯矩图 6.3 看出，结构体系 1 的塔底弯矩明显大于结构体系 2 的塔底弯矩，而塔中部的弯矩小于结构体系 2 的中部弯矩，到塔顶部分弯矩趋于一致。相同结构体系的折线塔和直塔弯矩变化趋势基本一致，折线塔弯矩整体略小于直塔弯矩，只是在折线塔折角部位弯矩大于直塔弯矩。

⑥ 从两种结构体系右端塔上剪力图（图 6.4）可以看出，结构体系 1 塔底到塔中

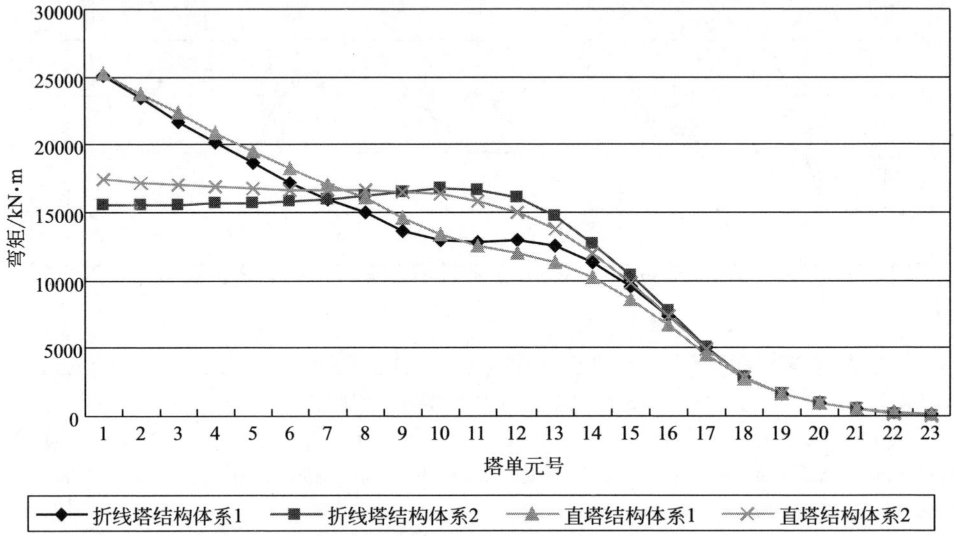

图 6.3　纵向地震工况塔上弯矩

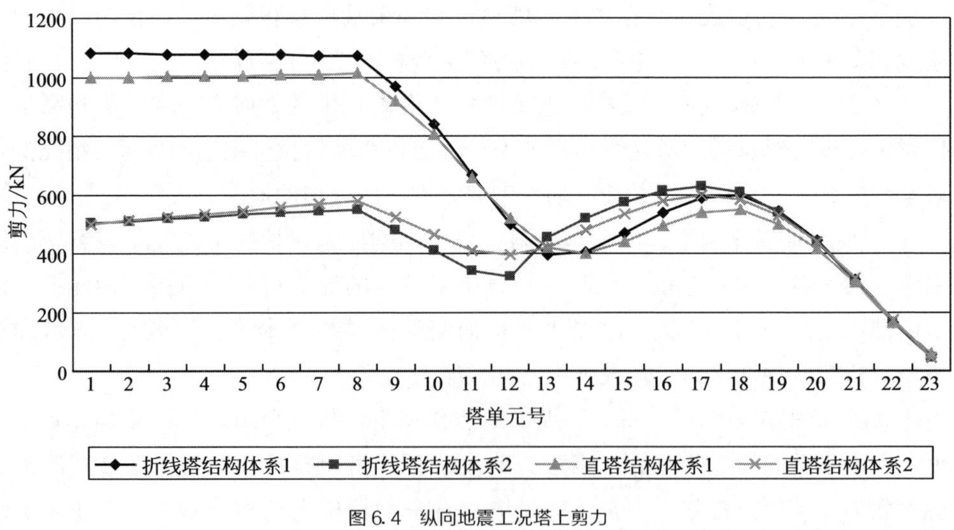

图 6.4　纵向地震工况塔上剪力

部剪力大于结构体系 2，而在折角处剪力略小于结构体系 2，到塔顶部分剪力趋于一致。相同结构体系的折线塔和直塔弯矩变化趋势基本一致。

6.3 地震响应时程分析

采用反应谱方法进行抗震分析具有以下优点：概念简单、计算方便，较少的计算量即可获得桥梁结构的最大反应值。但反应谱方法只能获得桥梁结构最大反应，该值不能反映桥梁结构在地震动过程中的经历，而事实上对于桥梁结构某一截面的各个内力分量，最大值出现的时间不尽相同，因而同时取最大值进行桥梁结构抗震验算不甚合理。同时，地震动的持续时间对结构的地震反应也有重要的影响，而且反应谱长周期部分也难以确定。因此，目前尽管反应谱方法已有了很多改进，但对于复杂、大跨桥梁的地震反应分析，反应谱方法目前仍然不能很好地考虑各种复杂因素对计算结果的影响，因此反应谱方法目前只能作为一种估算方法或验证手段。

20 世纪 60 年代至今，随着电子计算机技术和抗震理论的发展，开始采用多节点、多自由度的有限元动力计算图式分析斜拉桥的抗震性能，即把地震加速度时程直接输入，对斜拉桥进行地震时程反应分析，通称为动态时程分析。该法是随着强震记录的不断增多和计算机技术的广泛应用而发展起来的，是国内外专家学者公认的精细计算方法。目前，大多数国家对常用的中小跨度桥梁仍继续采用反应谱法进行抗震估算，而对于重要、复杂、大跨度的桥梁都要求必须采用动态时程分析法[49]进行抗震分析。

动态时程分析方法过程如下：首先选定合适的地震动输入，采用多节点多自由度的结构有限元动力计算模型来建立地震振动方程；其次采用逐步积分法对振动方程进行求解，以计算地震过程中每一瞬时结构的位移、速度和加速度反应；最后分析出结构在地震作用下，弹性阶段和非弹性阶段的内力变化情况，以及结构从构件损坏直至结构倒塌的全过程。

6.3.1 动力方程的建立

根据达朗贝尔原理，多自由度体系在地震作用下的运动方程可表示为：

$$[M]\{\ddot{\delta}\}+[C]\{\dot{\delta}\}+[K]\{\delta\}=0 \tag{6.25}$$

式中　$[M]$，$[C]$，$[K]$ ——分别为结构的质量矩阵、阻尼矩阵和刚度矩阵，对于线性结构来说它们是不变的。

在桥梁结构的地震反应分析中，通常采用集中质量矩阵，在多点激励下桥梁的运动方程可采用分块矩阵的形式表示，具体可写为：

$$\begin{bmatrix} M_{ss} & 0 \\ 0 & M_{gg} \end{bmatrix} \begin{Bmatrix} \ddot{\delta}_s \\ \ddot{\delta}_g \end{Bmatrix} + \begin{bmatrix} C_{ss} & C_{sg} \\ C_{gs} & C_{gg} \end{bmatrix} \begin{Bmatrix} \dot{\delta}_s \\ \dot{\delta}_g \end{Bmatrix} + \begin{bmatrix} K_{ss} & K_{sg} \\ K_{gs} & K_{gg} \end{bmatrix} \begin{Bmatrix} \delta_s \\ \delta_g \end{Bmatrix} = \{0\} \tag{6.26}$$

其中，下标 s 代表结构的非支承处自由度（n 个）；而下标 g 代表结构的支承处自由度（q 个）。$\{\delta_s\}$ 、$\{\dot{\delta}_s\}$ 、$\{\ddot{\delta}_s\}$ 分别是结构非支承处自由度的位移矢量、绝对加速度、速度；$[M_{ss}]$ 、$[C_{ss}]$ 、$[K_{ss}]$ 分别是结构相应的质量、阻尼、刚度矩阵；$\{\delta_g\}$ 、$\{\dot{\delta}_g\}$ 、$\{\ddot{\delta}_g\}$ 分别是结构支承处自由度的位移矢量、绝对加速度、速度；而 $[M_{gg}]$ 、$[C_{gg}]$ 、$[K_{gg}]$ 则分别是结构相应的质量、阻尼和刚度矩阵。

则由式(6.26) 的第一组方程可得：

$$[M_{ss}]\{\ddot{\delta}_{ss}\} + [C_{ss}]\{\ddot{\delta}_{ss}\} + [C_{sg}]\{\dot{\delta}_{sg}\} + [K_{ss}]\{\delta_s\} + [K_{sg}]\{\delta_g\} = \{0\} \tag{6.27}$$

在地震响应分析中，节点位移可以分解为两部分：一部分是由结构惯性力引起的结构相对于支点的振动位移 $\{\delta_{vs}\}$ ；另一部分是支承点位移在结构中产生的静位移 $\{\delta_{ps}\}$（不计振动位移），即所说的拟静位移，因此可得到：

$$\begin{Bmatrix} \delta_s \\ \delta_g \end{Bmatrix} = \begin{Bmatrix} \delta_{vs} \\ 0 \end{Bmatrix} + \begin{Bmatrix} \delta_{ps} \\ \delta_{pg} \end{Bmatrix} \tag{6.28}$$

将式(6.28) 代入式(6.26)，经简化有：

$$\begin{aligned} [M_{ss}]\{\ddot{\delta}_{vs}\} + [C_{ss}]\{\dot{\delta}_{vs}\} + [K_{ss}]\{\delta_{vs}\} = & -[M_{ss}]\{\ddot{\delta}_{ps}\} - [C_{ss}]\{\dot{\delta}_{ps}\} - \\ & [C_{sg}]\{\dot{\delta}_{pg}\} - [K_{ss}]\{\delta_{ps}\} - [K_{sg}]\{\delta_{pg}\} \end{aligned} \tag{6.29}$$

对于通常的工程结构，一般可以略去阻尼项对式(6.29) 右端项的影响。

由拟静位移的定义可知，拟静位移与支点位移之间应满足：

$$\left.\begin{aligned} & [K_{ss}]\{\delta_{ps}\} + [K_{sg}]\{\delta_{pg}\} = \{0\} \\ & [U_{ps}] = -[K_{ss}^{-1}][K_{sg}]\{\delta_{pg}\} = [R]\{\delta_{pg}\} \\ & [R] = -[K_{ss}^{-1}][K_{sg}] \end{aligned}\right\} \tag{6.30}$$

$[R]$ 称为影响矩阵，其中 $[R]$ 各行元素之和均为 1。式(6.30) 的意义是支点某一自由度发生单位位移时，结构非支承节点所产生的位移。将式(6.30) 代入式(6.29)，同时略去右端阻尼项可以得到：

$$[M_{ss}]\{\ddot{\delta}_{vs}\} + [C_{ss}]\{\dot{\delta}_{vs}\} + [K_{ss}]\{\delta_{vs}\} = -[M_{ss}][R]\{\ddot{\delta}_{pg}\} \tag{6.31}$$

式(6.31) 即为在地震运动作用下线性结构运动方程的一般形式[115]。

可以采用振型叠加法和时程积分法对式(6.31) 的时域进行求解。对于一般桥梁来说，振型叠加法的求解效率比时程积分法要高，只需计算少数几阶振型即可获得满意的求解精度。但对于振型较为密集的大跨度斜拉桥来说，其很多振型都可能对结构响应有较大的贡献，因此必须计算较多阶振型才能获得比较满意的结果。究竟需计入多少阶振型才能得到合理的计算结果，必须经计算比较后才能确定，因此在大跨度桥梁的计算中采用时程积分法应该是一个较好的选择。

6.3.2 增量动力平衡方程及其求解方法

时程积分法首先要对加速度、速度、位移在每一时间区段 Δt 内变化的形式进行假设，事实上若把一般多自由体系在地震作用下的运动方程

$$[M]\{\ddot{\delta}\}+[C]\{\dot{\delta}\}+[K]\{\delta\}=\{R\} \tag{6.32}$$

看成一个常系数微分方程组，便可以方便地采用任何一种有限差分格式通过位移来近似表示速度和加速度，因此不同的差分格式就得到不同的方法。

差分法分为显式积分和隐式积分两大类。显式差分法不对方程进行求解，而是由前一时刻 t 的已知平衡条件直接求解 Δt 增量后 $t+\Delta t$ 时刻的各参数，对于多数含有刚性单元的实际结构，要求用非常小的时间步长来获得稳定解。因此，关于时间步长的大小，所有显式方法都是有条件的稳定。而隐式差分法则是在发现 $t-\Delta t$ 处的解之后，尝试满足时间 t 处的微分方程，这个方法在每个时间步长都需要线性方程组的解，但可能使用较大的时间步长；隐式方法是有条件的或无条件的稳定。为了获得稳定解，多数直接积分法需加入人工阻尼或者数值阻尼。因此工程师必须非常小心地解释这些结果，直接积分法对于一些承受地震运动作用的非线性结构是必要的。

威尔逊（Wilson-θ）法和纽马克（Newmark）法是最为常用的隐式差分法[116]，而应用最为广泛的显式差分法是中心差分法，其中 Wilson-θ 方法是在线性加速度法的基础上发展起来的数值分析方法，因此线性加速度方法也可以说是 Wilson-θ 方法的一个特例（$\theta=1$ 时）。Newmark 法中的 Newmark-β 法是通过假定 t_i 至 t_{i+1} 时段内加速度的变化规律，以 t_i 时刻的运动为初始值，通过积分方法得到 t_{i+1} 时刻的运动量的方法；其中线性加速度法、平均加速度法、中心差分法包含在 Newmark-β 法中。本书采用的是 Newmark-β 法，其求解过程如下。

方程（6.32）是多自由度体系地震振动方程的基本方程，振动过程中，式（6.32）在 t_i 和 t_{i+1} 时刻的形式分别为：

$$[M]\{\ddot{\delta}\}_i+[C]\{\dot{\delta}\}_i+[K]\{\delta\}_i=-[M]\{\ddot{\delta}_g\}_i \tag{6.33}$$

$$[M]\{\ddot{\delta}\}_{i+1}+[C]\{\dot{\delta}\}_{i+1}+[K]\{\delta\}_{i+1}=-[M]\{\ddot{\delta}_g\}_{i+1} \tag{6.34}$$

令以上两式相减，即得增量方程：

$$[M]\{\Delta\ddot{\delta}\}_i+[C]\{\Delta\dot{\delta}\}_i+[K]\{\Delta\delta\}_i=-[M]\{\Delta\ddot{\delta}_g\}_i \tag{6.35}$$

引入参数 γ、β，设：

$$\{\Delta\dot{\delta}\}_i=\{\ddot{\delta}\}_i\Delta t+\gamma\{\Delta\ddot{\delta}\}_i\Delta t \tag{6.36}$$

$$\{\Delta\delta\}_i=\{\dot{\delta}\}_i\Delta t+\{\ddot{\delta}\}_i\frac{(\Delta t)^2}{2}+\beta\{\Delta\ddot{\delta}\}_i(\Delta t)^2 \tag{6.37}$$

Newmark-β 法中的 γ 和 β 的取值不同，对应的逐步积分法不同，如表 6.5 所示。

表 6.5　Newmark-β 法中参数取值

参数取值	对应的逐步积分法	稳定性条件
$\gamma=0.5, \beta=0.25$	平均常加速度	无条件稳定
$\gamma=0.5, \beta=1/6$	线性加速度法 （$\theta=1$ 时的 Wilson-θ 方法）	$t\leqslant 0.551\,T_n$
$\gamma=0.5, \beta=0$	中心差分法	$t\leqslant T_n/\pi$

注：其中，T_n 是结构的最小自振周期，$\beta=0.5$ 时具有二阶精度，$\gamma-2\beta=0$ 时无条件稳定。

根据式(6.36)、式(6.37)，可得

$$\{\Delta\ddot{\delta}\}_i=\frac{1}{\beta(\Delta t)^2}\{\Delta\delta\}_i-\frac{1}{\beta\Delta t}\{\dot{\delta}\}_i-\frac{1}{2\beta}\{\ddot{\delta}\}_i \tag{6.38}$$

$$\{\Delta\dot{\delta}\}_i=\frac{\gamma}{\beta\Delta t}\{\Delta\delta\}_i-\frac{\gamma}{\beta}\{\dot{\delta}\}_i-\left(\frac{\gamma}{2\beta}-1\right)\{\ddot{\delta}\}_i\Delta t \tag{6.39}$$

将式(6.38)、式(6.39) 代入增量平衡方程 (6.35)，可得

$$\widetilde{K}\{\Delta\delta\}_i=\Delta\widetilde{P}(t) \tag{6.40}$$

其中

$$\widetilde{K}=[K]+\frac{1}{\beta(\Delta t)^2}[M]+\frac{\gamma}{\beta\Delta t}[C]$$

$$\Delta P(t)=\left[\frac{1}{\beta\Delta t}\{\dot{\delta}\}_i+\frac{1}{2\beta}\{\ddot{\delta}\}_i-\{\Delta\ddot{\delta}_g\}_i\right][M]+\left[\frac{\gamma}{\beta}\{\dot{\delta}\}_i+\left(\frac{\gamma}{\beta}-1\right)\{\ddot{\delta}\}_i\Delta t\right][C]$$

由式(6.40) 便可求得结构位移增量 $\{\Delta\delta\}_i$，将其代入式(6.38)、式(6.39) 可得到 $\{\Delta\ddot{\delta}\}_i$、$\{\Delta\dot{\delta}\}_i$，进一步即可求得 $t+\Delta t$ 时刻的 $\{\delta\}_{i+1}$、$\{\dot{\delta}\}_{i+1}$、$\{\ddot{\delta}\}_{i+1}$，至此，这一时间间隔内的计算结束。根据 $t+\Delta t$ 时刻结构的拟静力位移和动力相对位移，求出结构各单元的内力，并据此判断材料处于弹性工作状态还是塑性工作状态，如有必要，计算结构塑性变形以及新的切线刚度矩阵，再以 $t+\Delta t$ 时刻为起点如上所述继续运算下去[117,118]。

6.3.3　地震动输入与调整

6.3.3.1　地震动的特性

（1）地震动的基本要素

地震动主要包括地震动的振幅、频谱和持续时间三个基本要素，结构在整个地震持时内的结构响应表明，各类结构在地震中的震害表现是这三个基本要素综合影响的结果[119]。

地震动的振幅是指地震动加速度、速度、位移中任何一种结构响应的最大值或某种意义下的等代值。

地震波的频谱特性是指地面运动中各种不同频率对振动大小所起作用的特性。根据共振概念，便可简单理解地面运动的频谱组成对结构反应的影响：当结构的自振频率与地面运动的峰值频率接近时，结构将会发生共振现象，导致结构将受到较大的地震作用。地震动频谱特性可以采用功率谱、反应谱和傅里叶谱来表示。

强震的持续时间对结构反应程度的影响，主要表现在结构的非线性反应阶段。通常结构从局部破坏直至倒塌，往往要经历数次、数十次甚至数百次的往复振动过程，结构塑性变形必然耗损能量，因此，在整个振动过程中，即使结构的最大变形反应并没有达到静力试验下的最大变形，结构也可能因能量的耗损达到某一限值而发生倒塌破坏。因此，持时的重要意义不仅存在于非线性体系的最大反应之中，同时也存在于结构的能量损耗和积累两种反应中。

（2）合理选择地震波的重要性

地震波引起地面的运动，而地面运动又引起桥梁结构等建筑物发生振动，从而使得结构承受地震作用，在桥梁结构抗震反应分析中是以地震地面运动作为地震动输入。在选择地震输入时，须满足地震动的振幅（幅值）、频谱和持续时间三个基本要素的要求。采用地震加速度时程作为地震动输入时，可直接输入地震波及速度时程曲线，由于地震波的振动过程是一个频带较宽的非平稳随机振动过程，因此将受到震中距、波传递途径的地质条件、场地土构造及其类别等多种因素影响。

时程分析表明：输入的地震波不同，得到的结构地震反应相差甚远，计算出的位移和内力有时会相差几倍，甚至十几倍之多。因此，鉴于地震的随机性及不同地震波计算结果的差异性，合理选择地震波来进行桥梁结构抗震分析是计算结果可靠性的重要保证。

6.3.3.2 地震动的选用[120]

地震动输入是进行结构地震反应分析的依据，结构的地震反应以及破坏是否，除了与结构的动力特性、弹塑性变形性质、变形能力有关外，还与地震动的特性（幅值、频谱特性和持续时间）等密切相关。20 世纪 70 年代起，世界上许多国家在地震加速度输入方式上主要有以下几种。

（1）拟建场地的实际强震记录

如果有拟建场地实际地震记录，则可直接采用，但由于突发式地震的随机性，以及地震的震级、震源深度、震中距等不同，因此，未来在同一场地所产生的地震波与过去已发生的实际地震波记录可能会有很大的差别，这种实际强震记录也因此不能完全反映未来地震的实际情况。另外，由于只有少数地区才设置有强震台记录，所以对于量大面广的地区进行桥梁结构抗震设计，上述拟建场地已发生的实际强震记录是很难得到的。

（2）直接采用典型的地震记录

常用的强震记录有埃尔森特罗波（Elcentro），塔夫特波（Taft）、天津波等。对桥梁结构破坏有重要影响的因素主要包括：地震强度、频谱特性、地震持续时间等。其中，地震强度主要采用地震动加速度峰值表示，频谱特性采用地震加速度时程的主要周期表示，它受到震源的特性、震中距离、场地条件等许多因素影响。因此，在选择强震记录时，除了所选择的最大峰值加速度应符合桥梁所在地区的抗震烈度要求外，场地条件也应尽量接近以保证该地震加速度时程的主要周期尽量接近桥址场地的卓越周期。天津波适用于软弱场地，埃尔森特罗波（Elcentro）和塔夫特波（Taft）等波分别适用于坚硬、中硬和中软的场地。

当实际地震记录与输入地震的要求不完全相符时，一般可做如下修正：一是进行强度修正，即将地震峰值加速度按比例放大或缩小，从而使其与桥址场地抗震设防烈度所对应的峰值加速度保持一致；二是进行周期修正，保证地震加速度时程的主要周期与桥址场地的卓越周期一致，但这将导致地震加速度时程的频谱特性发生改变，影响抗震分析结果，故修正幅度不宜过大。

因为持续时间长时，地震时程能量大，桥梁结构反应也较强烈。因此原则上应尽量采用持续时间较长的强震持续时间记录。当结构的变形超过弹性范围时，持续时间越长，桥梁结构在振动过程中屈服的次数就越多，从而易使桥梁结构损失不断发展而导致破坏。

另外，桥址场地附近同类地质条件下的强震记录如能获得，应优先采用这种强震记录。

（3）采用人工地震加速度时程

根据随机振动理论产生的人工地震加速度时程是一种符合所需统计特征（加速度值、频谱特性、持续时间）的地震加速度时程。通常生成人工地震加速度时程主要有以下两条途径：一是根据规范设计反应谱拟合而成；二是对桥址场地进行地震危险性分析，以提供基岩的地震运动参数，进一步生成基岩和场地的人工地震加速度时程。

对不同单质点振子应用许多地震加速度时程进行反应分析，然后光滑包络即可得到规范设计反应谱。由于反应谱在长周期部分精度一般不高，拟合出来的地震加速度时程也容易失真。因此，以设计反应谱为目标拟合而成的人工加速度时程通常只能用来做桥梁结构抗震比较分析。

6.3.3.3 地震波的调整[121, 122]

应全面考虑地震动的三要素来选用地震波，当所选择已发生的实际地震记录与输入地震的要求不符时，一般可对地震记录做如下修正：一是对强度进行修正，即将地震峰值加速度按比例放大或缩小，使修正后的地震峰值加速度与所要研究的桥址场地抗震设防烈度所对应的峰值加速度保持一致；二是对周期进行修正，使得地震加速度时程的主要周期与桥址场地的卓越周期保持一致，但修正幅度不宜过大，以免地震加速度时程的频谱特性发生较大改变。另外，应优先采用已获得的桥址场地附近同类地质条件下的实际强震记录。

（1）地震动强度

地震动强度包括加速度峰值、速度峰值及位移峰值，通常对规则桥梁结构采用的是直接输入地震反应的加速度曲线。加速度峰值反映了地面记录中最强烈部分，当场地的震源、震中距以及场地土等因素均相同时，加速度峰值越高，建筑物遭受的破坏程度就越大，这是地震动的主要要素之一。因此，在抗震分析中采用地震过程中加速度最大值作为强度指标，应按照适当的比例放大或缩小选用的地震记录加速度峰值，使调整后的峰值加速度相当于与设防烈度相对应的多遇地震或罕遇地震时的加速度峰值。可按以下公式对加速度峰值进行调整：

$$a'(t)=\frac{A'_{\max}(t)}{A_{\max}(t)a(t)} \tag{6.41}$$

式中　$a(t)$，$A_{\max}(t)$——原记录的地震加速度峰值和曲线；

$a'(t)$，$A'_{\max}(t)$——调整后记录的地震加速度峰值和曲线。

（2）地震动频谱特征

地震动谱特征与震源机制、地震波传播途径、折射、反射、散射和聚焦以及场地土特性、地质条件等多种因素有关，它主要包括谱形状、峰值、卓越周期等因素。研究结果表明：当震中距较大时，不论是基岩还是冲击层软土，反应谱的卓越周期均越长，长周期波传播越远。另外，有关研究也表明：当场地地面运动的卓越周期与场地土的自振周期接近时，将会发生强震。因此，在选用地震波时，应保证所选的实际地震波富氏谱或功率谱的卓越周期乃至谱形状，尽量与场地土的谱特征一致，以保证所选用地震波的卓越周期和震中距与实际场地相差不大，从而得到合理的抗震设计。

(3) 地震动持时时间

当桥梁结构在地震时进入非线性阶段后，地震持续时间不同，能量耗损积累也就不同，地震反应也不同。地震动持续时间有不同的定义方法，如相对持时、等效持时和绝对持时，常用的是相对持时，即根据地震动振幅或能量的相对量来定义。能量持时定义地震加速度 $a(t)$ 的总能量为：

$$E=\int_{0}^{t_p} a^2(t)\mathrm{d}t \tag{6.42}$$

式中 t_p——地震波的总持续时间（取 20s）。

去掉地震首尾时间段，即前面所提的 90%能量持时，一般可按以下原则选择持时时间 T：

① 保证选择的持时包含地震记录最强部分；

② 当对桥梁结构进行最大地震反应分析时，持时 T 可选短些，当分析地震作用下桥梁结构的耗能过程时，则持时 T 应选择长些；

③ 一般建议持续时间取 $T\geqslant 10T_1$（T_1 为结构周期）。

6.3.4 富民桥动态时程分析

6.3.4.1 地震加速度时程的确定

正确输入地震加速度时程曲线，要满足地震动三要素的要求，即频谱特性、有效峰值和持续时间要符合要求[119]。根据《公路桥梁抗震设计细则》（JTG/T B02-01—2008）5.3.2 条，未作地震安全性评价的桥址，可根据本细则设计加速度反应谱，合成与其兼容的设计加速度时程；也可选用与设定地震震级、距离大体相近的实际地震动加速度记录，通过时域方法调整，使其反应谱与本细则设计加速度反应谱兼容。

本书输入的地震动时程，是根据规范设计加速度反应谱，对已有的强震记录从频谱特性、有效峰值和持续时间三个方面进行调整，与设计反应谱兼容。

(1) 频谱特性

频谱特性是由结构物所处场地的场地类别和设计分组确定。本书通过对已有的实录波的特征周期的判定，来判断实录波的频谱特性是否与富民桥所处的场地类别相同。本书采用 1978 年美国 ATC-3 规范中定义的求 EPA、EPV（频段固定）的方法来确定实录波的特征周期。

$$\mathrm{EPA}=S_a/2.5 \tag{6.43}$$

$$\mathrm{EPV}=S_v/2.5 \tag{6.44}$$

$$T_g=2\pi\mathrm{EPV}/\mathrm{EPA} \tag{6.45}$$

式中　EPA——有效峰值加速度，m/s^2；

EPV——有效峰值速度，m/s；

T_g——特征周期，s。

将阻尼比为5%的加速度反应谱取周期为0.1～0.5s之间的平均值为S_a，将阻尼比为5%的速度反应谱取周期为0.5～2s之间的平均值为S_v（或取1s附近的平均速度反应谱）。

本书利用MIDAS软件将实录地震波转换为绝对加速度反应谱和拟速度反应谱，利用式(6.45)计算出实录波的特征周期T_g。通过对几十条实录波的特征周期的判定，San Fernando波（图6.5），也称PC波，其特征周期与富民桥场地土特征周期相近。

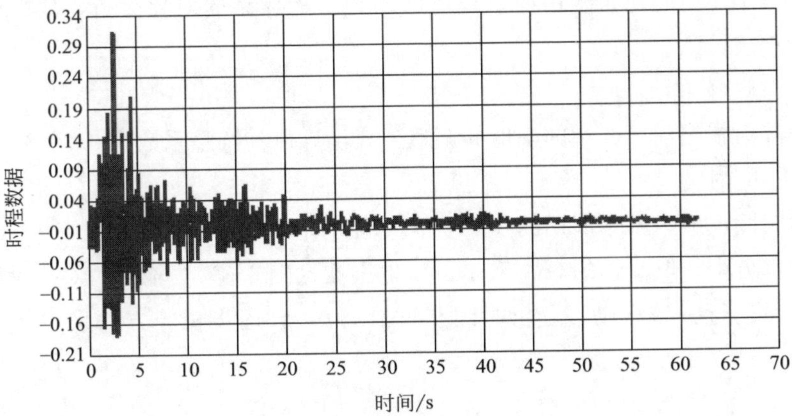

图6.5　San Fernando地震原形波

从图6.6相对速度反应谱曲线看出，速度反应谱周期在0.5～2s之间的平均值为S_v=0.11m/s。从图6.7绝对加速度反应谱曲线看出，加速度反应谱周期在0.1～0.5s之间的平均值为S_a=0.22×9.8=2.156（m/s^2）。

$$T_g=2\pi EPV/EPA=2\pi\times 0.11/2.156=0.32(s)$$

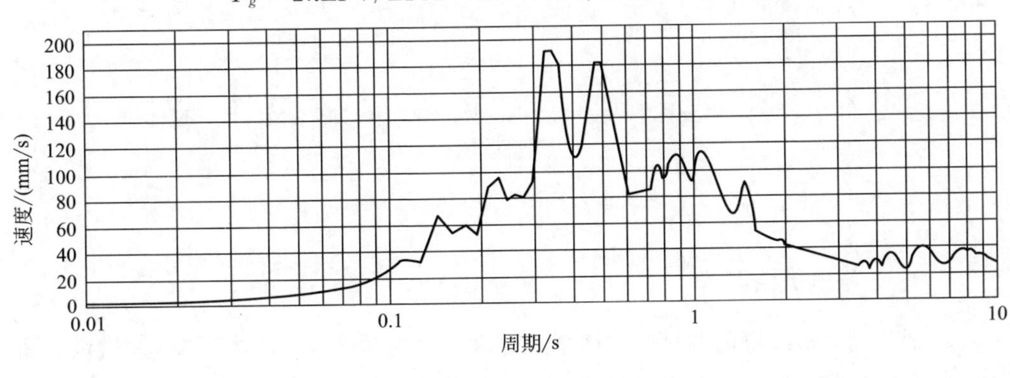

图6.6　速度反应谱曲线

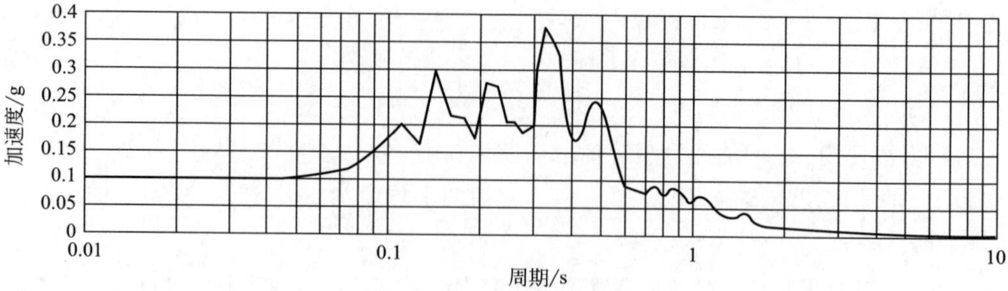

图 6.7　加速度反应谱曲线

这就表明，PC 波特征周期与富民桥场地土的特征周期为 0.35s 相近。

由于本书主要是对折线塔与直线塔的两种结构体系的对比分析，故只取一组实录波作为地震输入。

（2）有效峰值

有效峰值根据前面介绍的幅值的调整公式计算得到调整系数为 0.303。

（3）持时时间

持时时间一般为基本周期的 5～10 倍，取持时时间为 60s。

在本部分中，取修正的 San Fernando 地震波（图 6.8）为输入，对富民桥及其对比结构体系进行一致激励，分析时间步长取 0.02s，逐步积分方法采用 Newmark-θ 法（$\gamma=0.5$，$\beta=0.25$）。

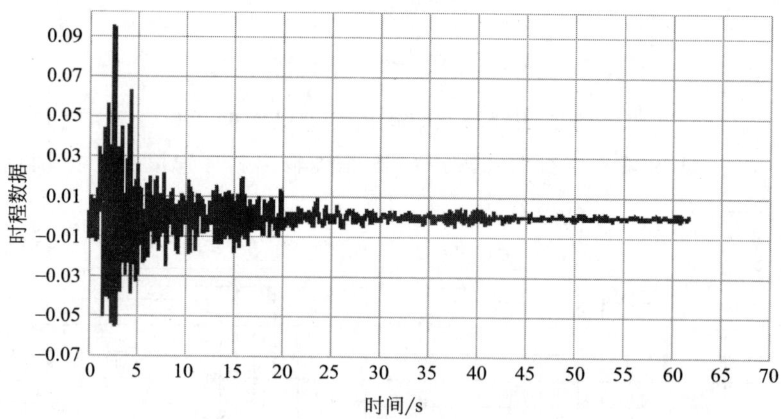

图 6.8　修正 San Fernando 地震波

6.3.4.2　时程分析结果

以下分别对折线塔的两种结构体系进行时程曲线对比（结构体系 1：左端塔墩梁固结，右端塔梁固结设单向滑动铰支座。结构体系 2：左端塔梁固结设固定铰支座，右端塔梁固结设单向滑动铰支座)，如图 6.9～图 6.16 所示。

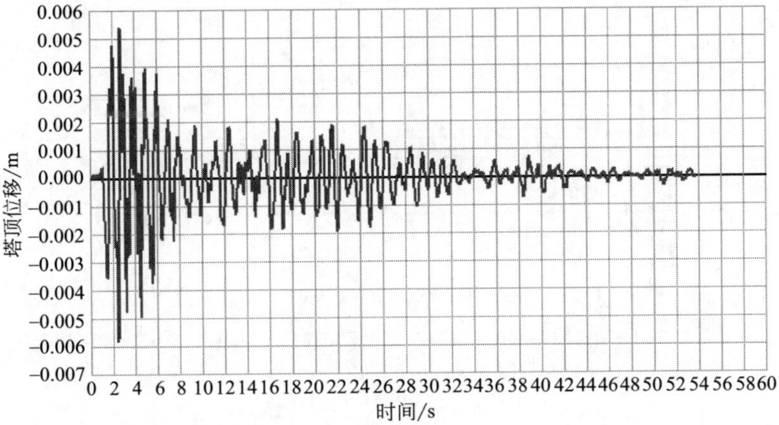

(a) 结构体系1

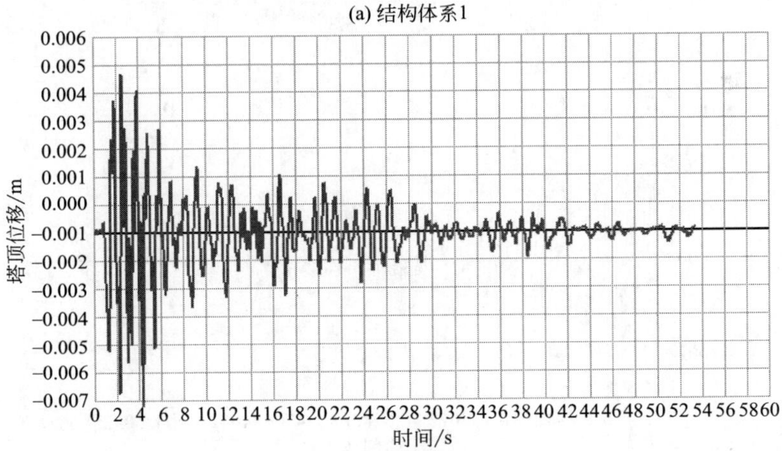

(b) 结构体系2

图 6.9 顺桥向左端塔顶位移

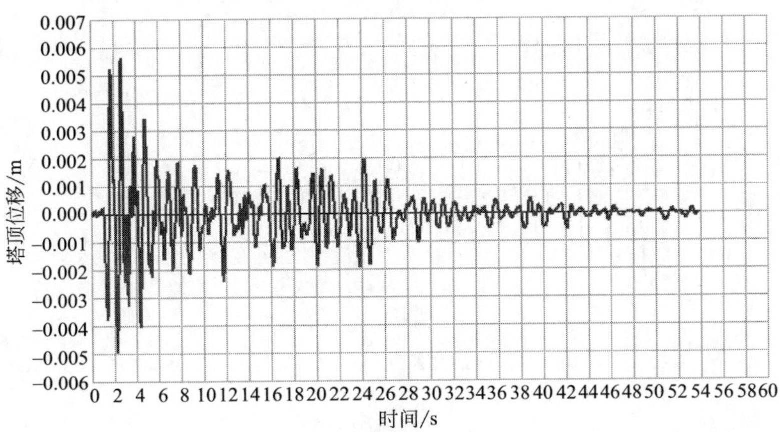

(a) 结构体系1

图 6.10

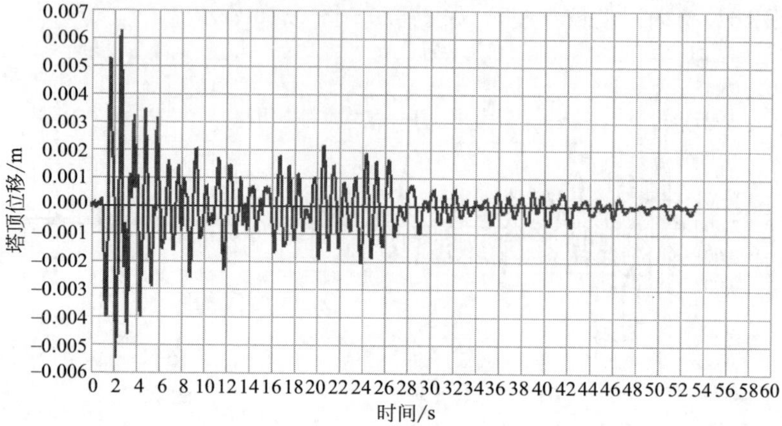

(b) 结构体系2

图 6.10　顺桥向右端塔顶位移

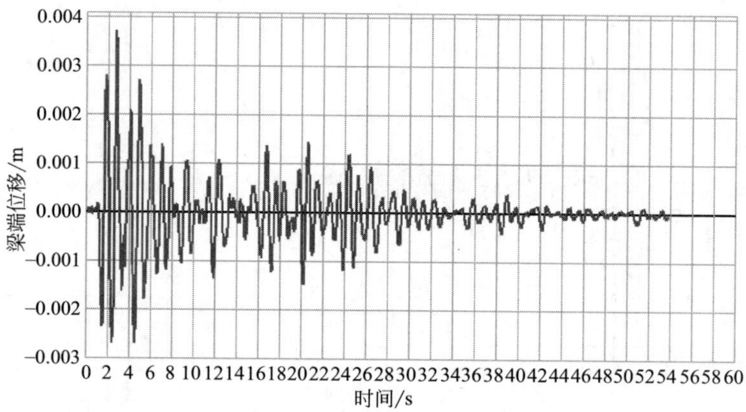

(a) 结构体系1

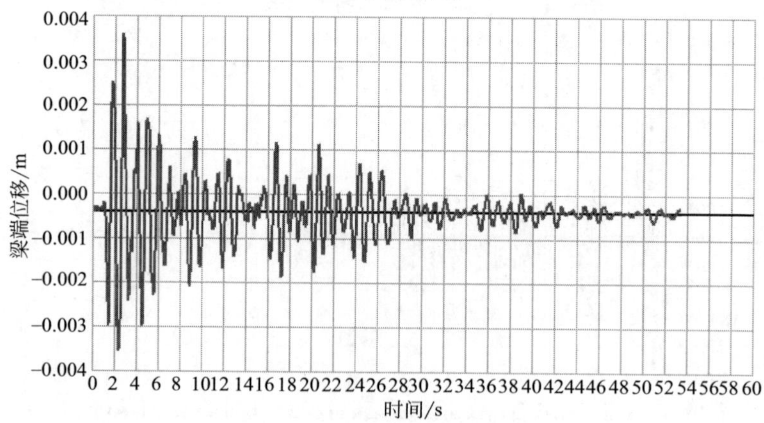

(b) 结构体系2

图 6.11　顺桥向左端梁端位移

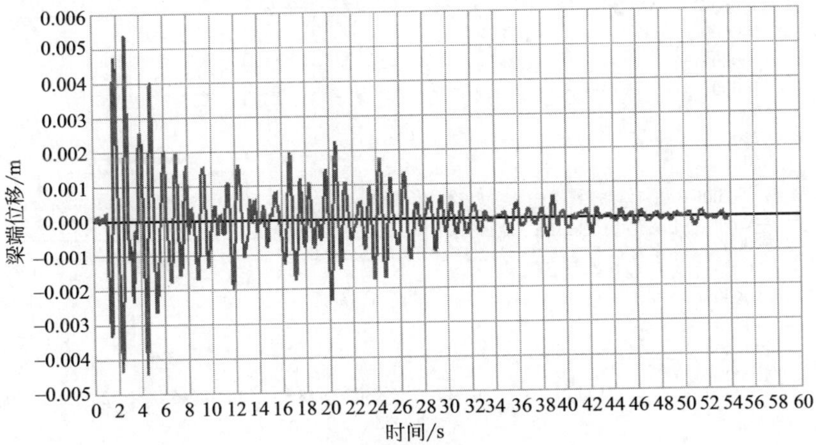

(a) 结构体系1

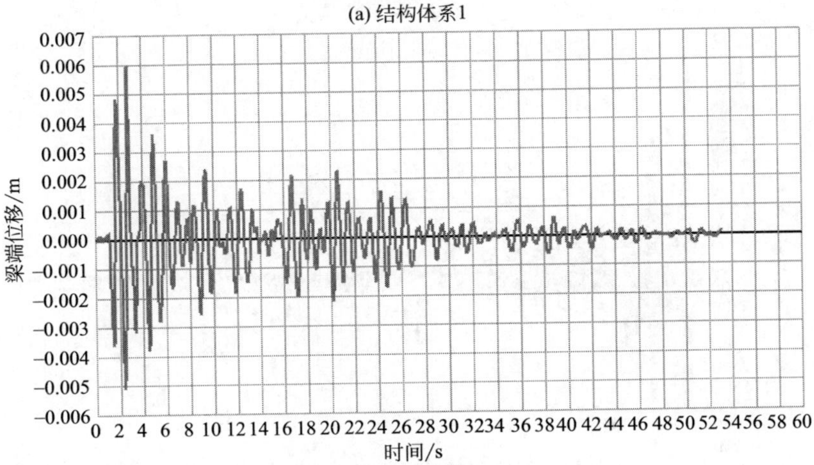

(b) 结构体系2

图 6.12 顺桥向右端梁端位移

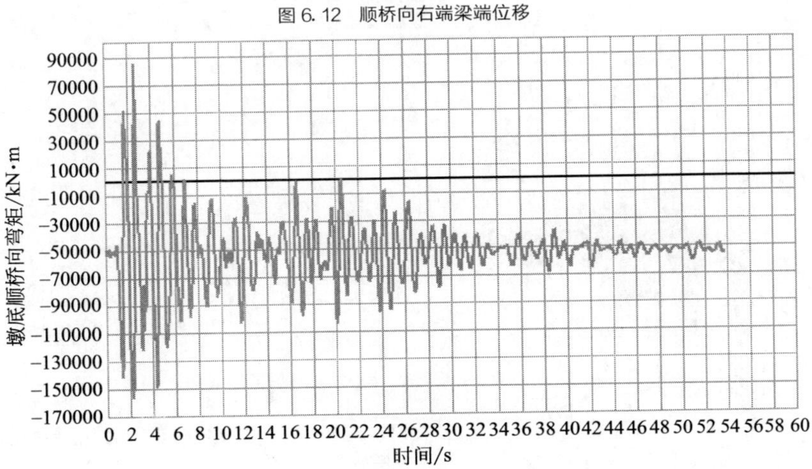

(a) 结构体系1

图 6.13

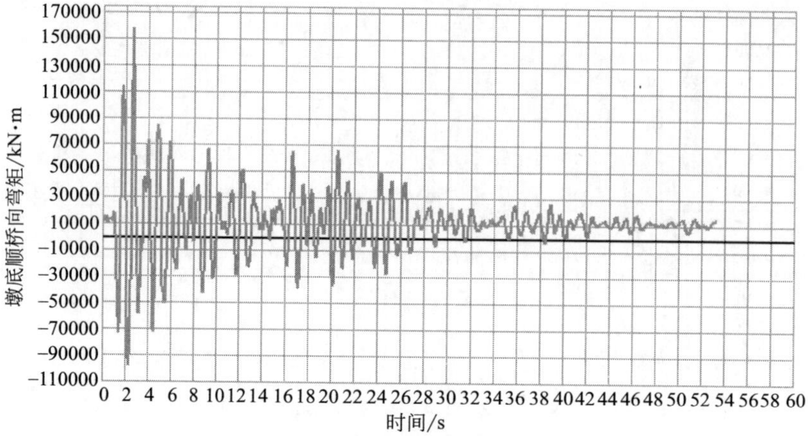

(b) 结构体系2

图 6. 13　顺桥向左端墩底弯矩

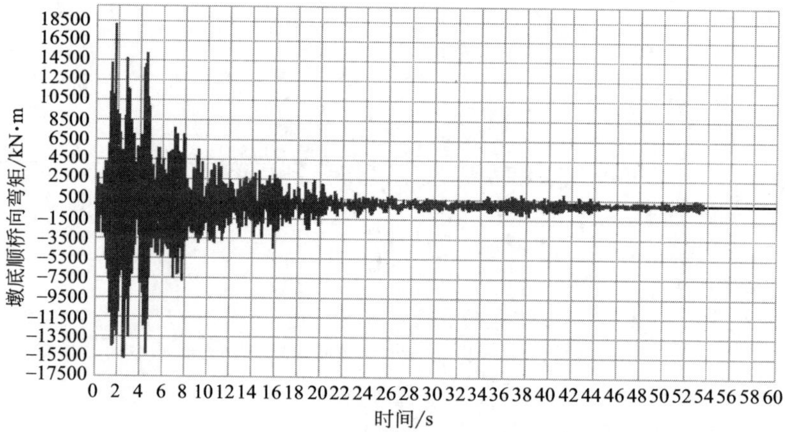

(a) 结构体系1

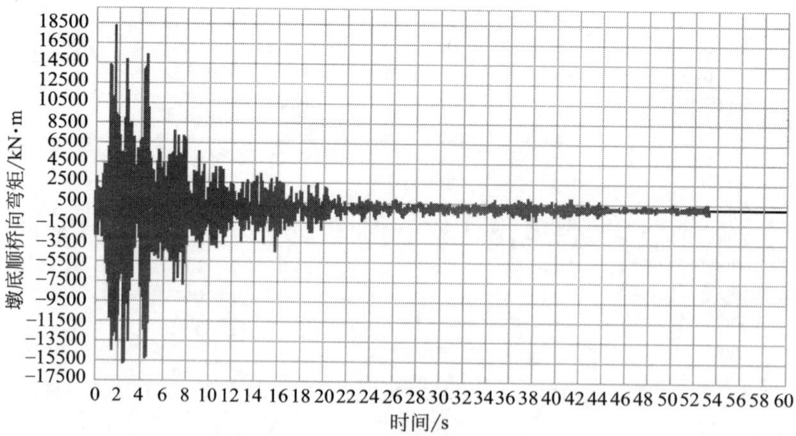

(b) 结构体系2

图 6. 14　顺桥向右端墩底弯矩

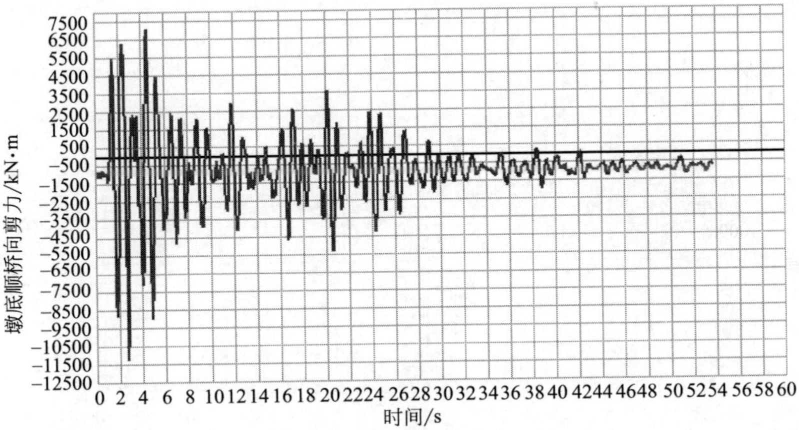

(a) 结构体系1

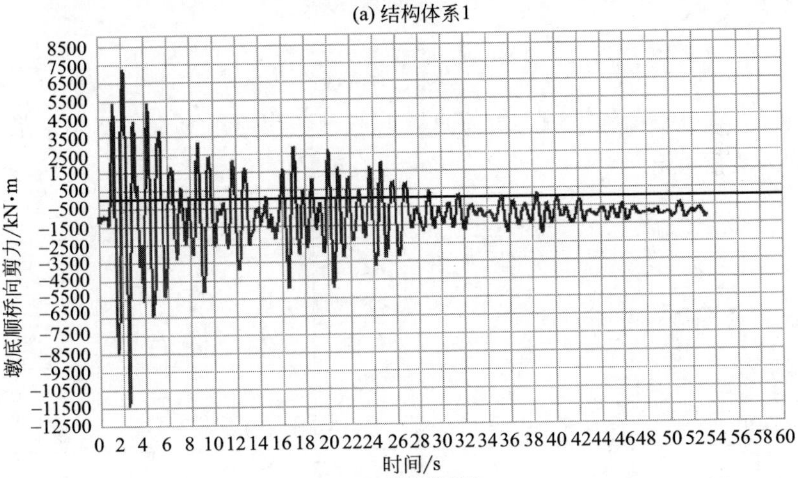

(b) 结构体系2

图 6.15　顺桥向左端墩底剪力

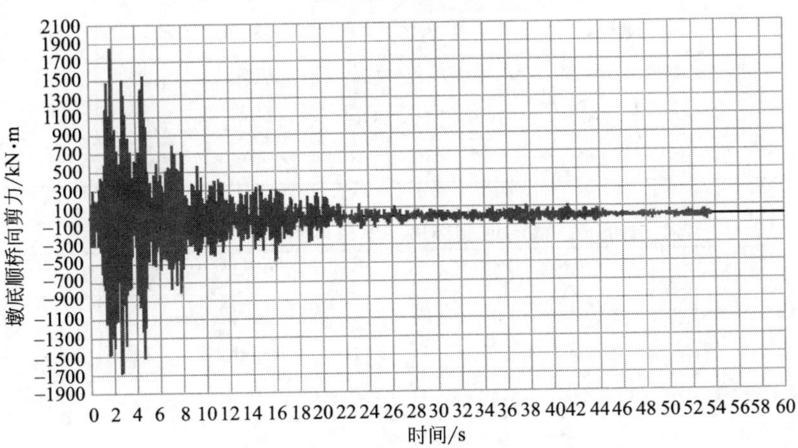

(a) 结构体系1

图 6.16

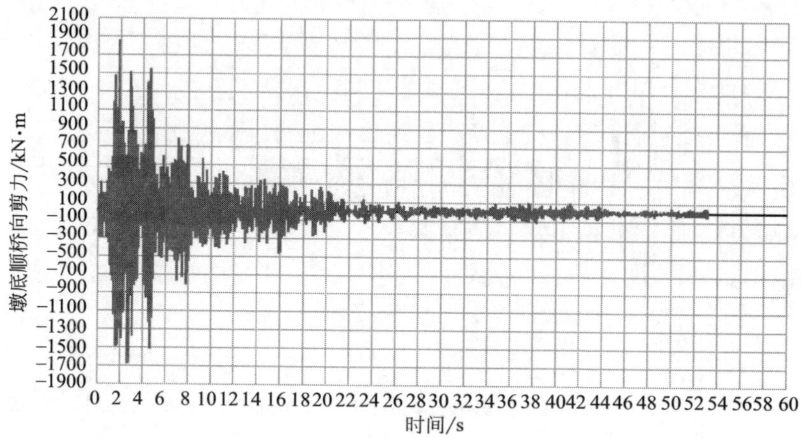

(b) 结构体系2

图 6.16　顺桥向右端墩底剪力

下面将折线塔的两种结构体系与直塔的两种结构体系时程曲线结果最大值进行对比，结果见表 6.6～表 6.8。

表 6.6　纵向地震作用下塔顶和梁端纵向位移（时程峰值）

结构体系	塔顶纵向位移/mm				梁端纵向位移/mm			
	折线塔		直塔		折线塔		直塔	
	左端	右端	左端	右端	左端	右端	左端	右端
结构体系 1	5.8	5.6	5.2	5.5	3.7	5.4	3.8	5.6
结构体系 2	5.3	6.3	5.2	6.2	4.0	5.9	4.2	6.2

表 6.7　纵向地震作用下墩底内力（时程峰值）

结构体系	墩底弯矩/kN·m				墩底剪力/kN			
	折线塔		直塔		折线塔		直塔	
	左端	右端	左端	右端	左端	右端	左端	右端
结构体系 1	155600	18212	155200	18200	11230	1845	11700	1845
结构体系 2	157800	18203	157100	18196	11420	1845	11370	1845

表 6.8　横向地震作用下墩底内力（时程峰值）

结构体系	墩底弯矩/kN·m				墩底剪力/kN			
	折线塔		直塔		折线塔		直塔	
	左端	右端	左端	右端	左端	右端	左端	右端
结构体系 1	119200	85410	119300	89340	6819	5287	7010	5410
结构体系 2	63440	76770	64190	77620	4831	4765	4910	4835

从时程分析的结果可以看出：

① 从表 6.2～表 6.4 与表 6.6～表 6.8 的两种计算方法的对比中可以看出，两种计算方法结论的趋势大致吻合。时程分析结果两种体系的相差幅度要小于反应谱方法。这是因为反应谱分析方法的振型组合将结构各个截面的最大值以适当的方法进行组合，但实际上结构上每个截面各振型最大地震反应不同时发生，所以时程分析结果较为合理。

② 从两种计算方法对比结果的数值上来说，反应谱计算结果普遍偏大。一是因为反应谱的振型组合方法取各振型的最大值，另外，由于规范反应谱方法是根据设定的超越概率，对大量实际地震波反应谱进行统计分析并结合经验判断得到设计反应谱，因此反应谱计算得到的结果偏保守。但由于反应谱法具有计算简单的优点，而时程分析法具有计算复杂、费时费力以及对计算机硬件要求较高等缺点，因此，在进行时程分析前，首先采用反应谱方法作为一种估算方法来选择控制截面，同时也可与时程分析结果进行校核。

6.4 本章小结

本章对同等跨径下的预应力混凝土直塔斜拉桥和预应力混凝土折线塔斜拉桥在支承体系和不对称体系下的动力特性进行了分析比较，并对二者地震响应进行了反应谱法分析和时程分析研究。现小结如下。

① 由于塔型的改变对斜拉桥整体的刚度和质量影响不大，折线塔和直塔在两种结构体系下，自振频率和模态基本吻合。

② 通过两种结构体系的对比发现，同振型的频率，结构体系 1 比结构体系 2 的频率普遍高，这是因为将塔梁墩固结换成大型钢支座，使结构的整体刚度有所下降，周期加长。但从数值上来说相差不大，说明整体刚度相差不大。因此，采用不对称体系，结构的抗震性能变化不大，但与支承体系比却可以省去其中一个主塔下的造价昂贵的大吨位支座，并且有利于日后的维修养护工作。

③ 两种体系在地震荷载作用下，塔顶位移和梁端位移相差不大，说明结构的纵向刚度相差不大。

④ 从斜拉索索力图可以看出，纵向地震作用下，折线塔斜拉桥边跨端索索力略高于直塔斜拉桥相应索索力，中跨边索索力略低于直塔斜拉桥相应索索力，其他位置基本吻合。

⑤ 从反应谱法和时程分析两种计算方法对比来看，两种计算方法结论的趋势大致吻合，从对比结果的数值上来说，反应谱计算结果普遍偏大。一是因为反应谱的振型组合方法取各振型的最大值，但实际上结构上每个截面各振型最大地震反应不同时发生。另外，由于规范反应谱方法是根据设定的超越概率，对大量实际地震波反应谱进行统计分析并结合经验判断得到设计反应谱，因此反应谱计算得到的结果偏保守，时程分析结果较为合理。

主要参考文献

[1] 陈明宪. 斜拉桥建造技术［M］. 北京：人民交通出版社，2003.

[2] 王伯惠. 斜拉桥结构发展和中国经验［M］. 北京：人民交通出版社，2003.

[3] 刘士林，梁智涛，侯金龙，等. 斜拉桥［M］. 北京：人民交通出版社，2002：67-75.

[4] 周孟波，刘自明，王邦楣，等. 斜拉桥手册［M］. 北京：人民交通出版社，2004.

[5] 铁道部大桥局设计院技术室. 荷兰鹿特丹港埃拉斯姆斯桥的设计［Z］. 1998.

[6] 铁道部大桥局设计院技术室. 荷兰鹿特丹港的标志桥［Z］. 1996.

[7] 铁道部大桥局设计院技术室. 西班牙 Ebro 河桥和 Lerez 河桥的斜桥塔［Z］. 1998.

[8] 严国敏. 代斜拉桥［M］. 成都：西南交通出版社，1995.

[9] 林元培. 斜拉桥［M］. 北京：人民交通出版社，2001.

[10] 章曾焕，卢永成，方亚非，赵炅. 哈尔滨太阳桥无背索斜拉桥设计要点［J］. 中国公路学会桥梁和结构工程学会 2002 年全国桥梁学术会议，2002：138-149.

[11] 邵旭东，等. 长沙洪山大桥（无背索斜塔斜拉桥）设计［J］. 中国公路学会桥梁和结构工程学会 2000 年全国桥梁学术会议，2000：238-243.

[12] 单炜，李玉顺，于玲，聂玉东. 哈尔滨四方台大桥索塔锚固区节段足尺模型试验研究［J］. 中国公路学报，2005，18（3）：60-65.

[13] 李立峰，邵旭东，曾田胜. 斜拉桥小尺寸预应力索塔的布束设计及试验研究［J］. 公路，2000（10）：1-3.

[14] 严少波，裴丙志. 斜拉桥索塔拉索锚固区空间应力分析模型［J］. 国外公路，2000，20（3）：22-24.

[15] 李新平，梁敏. 斜拉桥塔索锚固区局部应力分析［J］. 工程设计 CAD 与智能建筑，2001（10）：23-25.

[16] 韩富庆，等. 安庆长江公路大桥索塔锚固区受力分析［J］. 合肥工业大学学报（自然科学版），2002，25（6）：1167-1170.

[17] 刘孝尧. 铜陵长江公路大桥简介［J］. 华东公路，1996（2）：3-8.

[18] 沈桂平，顾萍. 斜拉桥索梁锚固区空间应力分析［J］. 上海铁道大学学报（自然科学版），1996，17（4）：9-16.

[19] 项贻强，等. 鄱阳湖口大桥索塔节段足尺模型试验与分析研究［J］. 中国公路学报，2000，13（4）：74-78.

[20] 董明，李新乐，李睿，王时越. 景洪澜沧江斜张桥索塔顶端空心段的测试分析［J］. 昆明理工大学学报，2000，25（4）：59-62.

[21] 项贻强，等. 南京长江二桥南汊桥斜拉索塔节段足尺模型的研究［J］. 土木工程学报，2000，33（1）：15-22.

[22] 李兴华，等. 芜湖长江大桥索塔锚固区模型试验研究［J］. 中国铁道科学，2001，22（5）：103-106.

[23] 张望喜，等. 武汉军山长江公路大桥索塔锚固区带锚块足尺节段模型试验研究［J］. 中南公路工程，2001，26（4）：33-35.

[24] 东南大学华东预应力技术联合开发中心. 润扬长江公路大桥北汊斜拉桥索塔锚固区足尺模型试验研究报告［R］. 南京：东南大学华东预应力技术联合开发中心，2002.

[25] 唐红元.斜拉桥预应力混凝土索塔关键问题研究 [D].南京：东南大学，2006.

[26] Kasuga，H. Arai，J. E. Breen，K. Furukawa. Optimum Cable-Force Adjustment in Concrete Cable-Stayed Bridges [J]. Journal of Structural Engineering. 1995，121 (4)：685-694.

[27] 颜东煌，刘光栋.确定斜拉桥合理施工状态的正装迭代法 [J].中国公路学报，1999，12 (2)：59-64.

[28] 范立础，杜国华.斜拉索索力优化及非线性理想倒退分析 [J]，重庆交通学院学报，1992，11 (1)：1-12.

[29] 梁志广，李建中.斜拉桥施工初始索力的确定 [J].工程力学，2000 17 (3)：121-126.

[30] P. H. Wang. Initial shape of cable-stayed bridges [J]，Computers & Structures，1993，46 (6)：1095-1106.

[31] 程进，江见鲸，肖汝成，等.ANSYS二次开发技术及在确定斜拉桥成桥状态初始恒载索力中的应用 [J].公路交通科技，2002 19 (3)：50-52.

[32] 黄侨，吴红林，李志波.确定斜拉桥施工索力的正装计算法 [J].哈尔滨工业大学学报，2004，36 (12)：1702-1704.

[33] 李明，袁向荣，陈锋.斜拉桥施工阶段索力的最优化调整 [J].石家庄铁道学院学报，2002，15 (3)：14-17.

[34] 贾丽君，肖汝诚，孙斌，等.确定斜拉桥施工张拉力的影响矩阵法 [J].苏州城建环保学院学报，2000，13 (4)：21-27.

[35] 付军.预应力混凝土子母斜拉桥索力及施工优化研究 [D].武汉：武汉理工大学，2006.

[36] John H. Holland，Adaptation in natural and artificial systems. University of Michigan Press [M]. Ann Arbor ：University of Michigan Press，1975.

[37] Rajeev S，Krishnamoorthy C S. Discrete optimization of structures using genetic algorithms [J]. Journal of Structural Engineering，1992，118 (5)：1233-1250.

[38] Jenkins W M，Towards structural optimization via the genetic algorithm [J]. Computers & Structures，1991，40 (5)：1321-1327.

[39] Ramasamy J V and Rajasekaran S. Artificial neural network and genetic algorithm for the design optimization of industrial roofs-A comparison [J]. Computers & Structures，1996，58 (4)：747-755.

[40] A. E. Baumal，J. J. McPhee，P. H. Calamai. Application of genetic algorithms to the design optimization of an active vehicle suspension system [J]. Computer Methods in Applied Mechanics and Engineering，1998，163：87-94.

[41] 张士铎.桥梁设计理论 [M].北京：人民交通出版社，1984.

[42] 张士铎，邓小华，王文州.箱形薄壁梁剪力滞效应 [M].北京：人民交通出版社，1998.

[43] 张士铎，王文州.桥梁工程结构中的负剪力滞效应 [M].北京：人民交通出版社，2004.

[44] JTJ 004—89 公路工程抗震设计规范 [S].

[45] GBJ lll—87 铁路工程抗震设计规范 [S].

[46] American Association of State Highway and Transportation Officials. Standard specifications for highway bridges，division I-A seismic design [S]. 17th edition. Washington，D. C.，2002.

[47] Eurocode 8-Design of structures for earthquake resistance-Part 2 ：bridges. [S]. FR-AFNOR. 2006.

[48] 日本道路协会.道路桥示方书 (v 耐震设计篇) ·同解说 [M].东京：丸善株式会社，2012.

[49] 李国豪. 桥梁结构稳定与振动 [M]. 北京：中国铁道出版社，2003.

[50] 范立础. 桥梁抗震 [M]. 上海：同济大学出版社，2001.

[51] 范立础，胡世德，叶爱君. 大跨度桥梁抗震设计 [M]. 北京：人民交通出版社，2001.

[52] 朱位秋. 随机振动 [M]. 北京：科学出版社，1992.

[53] 星谷胜. 随机振动分析 [M]. 常宝琦译. 北京：地震出版社，1977.

[54] D E 纽兰. 随机振动与谱分析概论 [M]. 方同译. 北京：机械工业出版社，1980.

[55] 庄表中. 非线性随机振动理论及应用 [M]. 杭州：浙江大学出版社，1986.

[56] 徐昭鑫. 随机振动 [M]. 北京：高等教育出版社，1990.

[57] 俞载道，曹国敖. 随机振动理论及其应用 [M]. 上海：同济大学出版社，1988.

[58] Yamamura N，Hiroshi Tanaka. Response analysis of flexible MDF systems for multiple-support excitations [J]. EESD，1990，19：345-357.

[59] Berrah M K，Eduardo Kausel. A modal combination rule for spatially varying seismic motions [J]. EESD，1993，22：791-800.

[60] Kiureghian A D，Neuenhofer A. Response spectrum method for multi-support seismic excitaions [J]. Earthquake Engineering and Structural Dynamics，1992，21：713-740.

[61] Kiureghian A D，Neuenhofer A. A discussion on seismic random vibration analysis of multi-support seismic excitations [J]. Journal of Engineering Mechanics，1995，121 (9)：1037.

[62] Yutaka Nakamura，Kiureghian A D，David Liu，Multiple-support response spectrum analysis of the golden gate bridge [M]. Berkeley：University of California at Berkeley，1993.

[63] Ernesto H Z，Vanmarcke E H. Seismic random vibration analysis of multi-support structural systems [J]. ASCE，Journal of Engineering Mechanics，1994，120：1107-1128.

[64] 刘洪兵. 大跨度斜拉桥多支承激励地震响应分析 [J]. 土木工程学报，2001，34 (6)：38-44.

[65] 刘洪兵. 多支承激励地震响应分析的简化反应谱法 [J]. 中国公路学报，2002，15 (1)：34-37.

[66] 项海帆. 斜张桥在行波作用下的地震反应分析 [J]. 同济大学学报，1983，11 (2)：1-8.

[67] 范立础，王君杰，陈玮. 非一致地展激励下大跨度斜拉桥的响应特征 [J]. 计算力学学报，2001，18 (3)：358-363.

[68] 刘永健，周绪红，颜东煌，狄谨. 单边索斜塔钢—混凝土结合梁斜拉桥塔梁根部应力分析 [J]. 中国公路学报，2003，16 (2)：65-69.

[69] 张雪，马龙飞，王莹，信东. 非对称布索斜塔斜拉桥的静力平衡特征分析 [J]. 北方交通，2007 (12)：38-40.

[70] 马牛静，李平杰. 斜塔斜拉桥的力学分析 [J]. 北方交通，2008 (10)：24-27.

[71] 蒋成强，孙学先，袁琦. 斜塔斜拉桥合理成桥索力研究 [J]. 城市道桥与防洪，2009 (4)：41-43.

[72] 王福春等. 沈阳富民桥设计及主要技术特点 [J]. 中国公路学会桥梁和结构工程学会 2002 年全国桥梁学术会议，2002：149-154.

[73] 李德寅，王邦楣，林亚超. 结构模型试验 [M]. 北京：科学出版社，1996.

[74] J. W. d 达利，W. F. 赖利. 试验应力分析 [M]. 韩铭宝等译. 北京：海洋出版社，1987.

[75] 霍斯多尔夫. 结构模型分析 [M]. 徐正忠等译. 北京：中国建筑工业出版社，1986.

[76] 梅山魁等. 结构试验和结构设计 [M]. 林亚超译. 北京：人民交通出版社，1980.

[77] 张贵文，党星海，相似理论内容的扩充与分析 [J]. 兰州理工大学学报，2004 (5)：123-125.

[78] 过镇海. 钢筋混凝土原理 [M]. 北京：清华大学出版社，1999：73-107.

[79] 陈惠发，A. E 萨里普. 混凝土和土的本构方程 [M]. 余天庆，王勋文，刘西拉，韩大建译. 北京：中国建筑工业出版社，2004：6-39，217-223.

[80] 项海帆. 高等桥梁结构理论 [M]，北京：人民交通出版社，2001.

[81] 范立础. 桥梁工程（下）[M]. 北京：人民交通出版社，1987.

[82] 顾安邦. 桥梁工程（下）[M]. 北京：人民交通出版社，2000.

[83] 肖汝诚. 确定大跨径桥梁结构合理设计状态的理论与方法研究 [D]. 上海：同济大学，1996：4-27.

[84] 宁平华，张靖，陈加树. 广州市珠江大桥主桥斜拉桥合理斜拉索力设计 [D]. 中国土木工程学会桥梁年会论文集. 北京. 1996：36-42.

[85] 陈德伟，范立础. 确定预应力混凝土斜拉桥最优恒载索力方法的探索 [J]. 同济大学学报，1998，26 (2)：120-124.

[86] 宁平华、张靖、陈加树. 广州鹤洞大桥斜拉桥合理索力设计 [J]. 第十二届全国桥梁学术会议，1996：316-320.

[87] 杜国华，姜林. 斜拉桥的合理索力及其施工张拉力 [J]. 桥梁建设，1989，2：11-17.

[88] 王勋文，辛学忠，潘家英，等. 确定 PC 斜拉桥恒载初始索力方法的探讨 [J]. 桥梁建设，1996 (4)：1-5.

[89] 范立础，杜国华. 斜拉索索力优化及非线性理想倒退分析 [J]，重庆交通学院学报，1992，11 (1)，1-12.

[90] 陆楸，徐有光. 斜拉桥最优索力的探讨 [J]. 中国公路学报，1990 (1)：38-48.

[91] 肖汝诚，项海帆. 斜拉桥索力优化的影响矩阵法 [J]. 同济大学学报，1998，26 (3)：235-240.

[92] 施笃铮，汪劲丰，项贻强，等. 斜拉桥施工过程中的索力控制与优化研究 [J]. 中国公路学报 2002，15 (2)：57-60.

[93] 秦顺全，林国雄. 斜拉桥安装计算一倒拆法与无应力状态控制法评述 [C]. 中国土木工程学会桥梁及结构工程学会第九届年会论文集，1992：582-586.

[94] 徐君兰. 大跨度桥梁施工控制 [M]. 北京：人民交通出版社，2000.

[95] 肖汝诚，林平. 计算结构力学在桥梁结构施工设计与施工控制中的应用 [J]. 计算结构力学及其应用，1993，10 (1)：92-98.

[96] 陈德伟. 斜拉桥的非线性分析及工程控制 [D]. 上海：同济大学，1990.

[97] 张宝胜. 三塔斜拉桥静力性能研究 [D]. 西安：长安大学，2001.

[98] 颜东煌. 斜拉桥合理设计状态确定与施工控制 [D]. 长沙：湖南大学，2001.

[99] Pao-Hsii Wang . Study on Nonlinear Analysis of a Highly Redundant Cable-Stayed Bridge [J]. Computers and Structures. 2002，80 (2)：165-182.

[100] H. Adeli，J. Zhang. Fully Nonlinear Analysis of Composite Girder Cable-Stayed Bridges [J]. Computers and Structures. 1995，54 (2)：267-277.

[101] Ying Xi. Nonlinear Analysis and Load-carrying Capacity of Cable-stayed Bridge [J]. The Hong Kong University of Science and Technology. 1998 ：705-714.

[102] 华孝良，徐光辉. 桥梁结构非线性分析 [M]. 北京：人民交通出版社，1997：6-130.

[103] 凌道盛，张金江，项贻强等.虚拟层合单元法及其在桥梁工程中的应用 [J]. 土木工程学报，1998，31 (3)：22-29.
[104] 陈明宪.斜拉桥建造技术 [M]. 北京：人民交通出版社，2003.
[105] 蔺鹏臻，刘世忠.桥梁结构有限元分析 [M]. 北京：科学出版社，2008.
[106] 方志，曹国辉，王济川.钢筋混凝土连续箱梁剪力滞效应试验研究 [J]. 桥梁建设，2000，4：1-3.
[107] 李阳初.浅谈预应力剪力滞对桥梁的影响 [J]. 湖南交通科技，2000，26 (3)：66-70.
[108] 杨霞林，周洁华.斜拉桥双箱单室箱形主梁的空间应力分析 [D]. 成都：西南交通大学，2002.
[109] 杨霞林，周洁华.斜拉桥主梁底板厚度的参数分析 [J]. 兰州铁道学院学报（自然科学版），2003 (6)：84-87.
[110] 文国华，程翔云.横向预应力对箱梁正应力的影响 [J]. 公路，1997 (11)：34-36.
[111] 卜铭.具有单横坡的箱梁剪力滞效应研究 [D]. 长沙：长沙理工大学，2005.
[112] 叶爱君，胡世德，范立础.斜拉桥抗震结构体系研究 [J]. 桥梁建设，2002 (4)：1-4.
[113] JTG/T B02-01-2008 公路桥梁抗震设计细则 [S].
[114] 谢旭.桥梁结构地震响应分析与抗震设计 [M]. 北京：人民交通出版社，2006.
[115] 俞载道.结构动力学基础 [M]. 上海：同济大学出版社，2000.
[116] 爱德华·L·威尔逊.结构静力与动力分析—强调地震工程学的物理方法 [M]. 第 4 版. 北京：中国建筑工业出版社，2006.
[117] Aly S. Nazmy and Ahmed M. Abdel-Ghaffar. Nolinear Earthquake-response Analysis of Log-span Cable-stayed Bridge [J]. Earthquake Engineering & Structural dynamics，1990，19：45-62.
[118] Humar，J. L.， Humar. Dynamics of Structures：Second Edition [M]. England：Taylor & Francis Group，1993.
[119] GB 50011—2001 建筑抗震设计规范 [S].
[120] Nakamura Y，Kiwreghian A D and Lin D . Multiple-support Response Spectrum Analysis of the Golden Gate Bridge [R]. Report No. UCB/EERC-93/05，Earthquake Engineering Research Centre，University of California at Berkley ，1993.
[121] 王松涛，曹资.现代抗震设计方法 [M]. 北京：中国建筑工业出版社，1997.
[122] 张新培.钢筋混凝土抗震结构非线性分析 [M]. 北京：科学出版社，2003.